Mario von Galli

Gott will die Freude

Die Grunderfahrung meines Lebens

Walter-Verlag
Olten und Freiburg im Breisgau

Lektorat: Josef Metzinger
Bandaufzeichnungen zum Teil: Institut für Kommunikation und Medien, München
Foto: KNA-BILD
Gesamtherstellung in den grafischen Betrieben des Walter-Verlags
Printed in Switzerland

ISBN 3-530-25141-0

Inhalt

MARIO VON GALLI

Vielen ist er noch bekannt aus Presse, Rundfunk und Fernsehen als einer, der, stets überraschend, die positiven Züge von Kirche und Gesellschaft aufzuspüren wußte. Dieser Mario von Galli ist eine so hervorragende Persönlichkeit, daß sein Vermächtnis nicht in Vergessenheit geraten darf. Er ist aber nicht der Typ, der Memoiren oder eine Autobiographie schreiben würde; dafür hält er sein Innerstes zu verborgen, und das wäre für ihn der wesentliche Bestandteil einer Selbstbiographie. Aber Freunden erzählt er bereitwillig Erlebnisse und Erfahrungen aus seinem dramatischen Leben, die ihn geprägt haben und durch die hindurch etwas von seinem innersten Wesen aufleuchtet.

So ist auch dieses späte Buch zustandegekommen. P. Reinhold Iblacker SJ und Dr. Josef Metzinger haben Mario von Galli interviewt. Von den auf Band aufgezeichneten Antworten wurde dann durch den Verlag eine Auswahl vorgenommen und vom Sprechstil auf Lesestil redigiert. Galli ist ein geborener Erzähler und Redner. Was er sagt, ist darum immer hochinteressant und voller Spannung und Überraschungen. Er liebt es, jeweils die Gegenpole herauszustellen, wobei auch Übertreibung und Ausmalung ihr Recht haben. Um so deutlicher wird das, was er zum Ausdruck bringen will. Dabei ist jedoch nichts erfunden, sondern alles erlebt und gelebt.

So zeichnet sich langsam das Profil seiner Persönlichkeit ab. Es zeigt sich dabei, daß wir vieles von diesem Mann, der stets verblüfft hat, lernen können: Optimismus und Frohsinn, die neben seinem Naturell in einer tiefchristlichen Haltung und unaufdringlichen Frömmigkeit wurzeln; mutigen Widerstand und offenes Wort, doch gepaart mit Versöhnlichkeit und Toleranz, und vieles mehr. Das vielleicht Kennzeichnendste an Galli ist seine Bezogenheit auf andere, die an Bonhoeffers Charakterisierung Jesu als «der Mensch für andere» erinnert.

Daß Gott die Freude will, kann als die Grunderfahrung des Lebens Mario von Gallis bezeichnet werden: eine Botschaft, die heute nahezu vergessen scheint.

Das Geschenk des Lebens

Frage: Der Name Mario von Galli läßt noch nicht auf die Nationalität schließen. Sind Sie nun Italiener, Österreicher, Deutscher oder Schweizer?

Ich bin halt eine eigenartige Mischung. Diese Mischung besteht erstens aus Österreichischem. Denn mein Vater war österreichischer Beamter. Die fingen gewöhnlich in Wien an, weil das ein guter Start für später, wo immer sie auch waren, bedeutete. Außerdem habe ich einen Onkel, der österreichischer Botschafter in Rom war. Und von dem habe ich meinen Namen Mario. Mein Onkel hieß Mario Basetti Angeli.
Italienisch bin ich insofern, als meine Vorfahren aus dem berühmten Livigno stammen, dessen Gebiet außerhalb und innerhalb der Schweiz lag, halb-halb. Das war ein sogenannter zugewandter Ort, wie die Schweizer es nannten. Dessen Einwohner waren Verbündete, die die besten Dienste leisteten, die nie etwas gegen die Schweizer getan hätten, die aber auch nicht so recht Italiener waren, weil Italien zu abgeschieden lag. Livigno – damals kleine, niedrige Häus-

chen mit Blechdächern, eine einzige Zeile – befindet sich in einem hochgelegenen Tal, neunzehnhundert Meter hoch. Und dort heißt alles Galli. Als ich es einmal mit meinem Bruder besuchte, gingen wir auf den Friedhof, und da sahen wir: Es sind nur zwei Familien da – und die eine davon heißt Galli. Da machte ich mit meinem Bruder aus: «Jetzt gehen wir durch den Ort. Und wir werden zu jedem Mann, den wir treffen, sagen: Buongiorno, Signor Galli! Und dann wollen wir sehen, was passiert.» Wir trafen neunzehn Männer, und siebzehn davon haben unseren Gruß akzeptiert, nur zwei haben gesagt, sie hießen nicht Galli, das sei ein Irrtum. Die Gallis behaupten, sie seien von Florenz gekommen. In Florenz gibt es tatsächlich einen Torre del Gallo (Turm des Hahnes). Der liegt über dem Ort und trägt da, wo man hereinkommt, ein kleines Wappen; das zeigt genau den Gockel, den wir im Wappen haben, mit dem gleichen Wappenspruch: primus in die deum laudo (Als erster am Tag lobe ich Gott). Deshalb fühle ich mich immer noch verpflichtet, entsetzlich früh aufzustehen.

Deutsch ist auch in der Mischung drin. Als ich später in Kalksburg in Österreich war, habe ich in Wien meine Großmutter besucht. Ich hatte einen Freund, der ein Deutscher war, und mit dem habe ich vereinbart, daß er mich in Wien wieder abholen solle. Als er kam, redete meine Großmutter ihn an, und auf einmal redeten beide plattdeutsch. Ich verstand kein Wort mehr! Da habe ich ausgerufen: «Ja, was ist denn das? Ich hab' gar nicht gewußt, daß meine Großmutter eine Plattdeutsche ist!»

Ein Schweizer, für den ich oft gehalten werde, bin ich nur insofern, als die Livigner in engen Beziehungen zur Schweiz standen, besonders zum Engadin, und weil ich die längste Zeit meines Lebens in der Schweiz gewohnt habe.

Es kommt aber noch ein französisches Element dazu. Ein Galli war nämlich bei Napoleon gewesen und mit nach Rußland gezogen. Denn die Gallis hatten kräftige kleine Pferde; und wo Krieg war, haben sie, je nachdem sie das als wichtig einschätzten, Pferde hingeschickt. Einer der Söhne mußte immer mitgehen, und da ist so ein Galli auch gegangen. Der war gar nichts, ein kleiner Mann. Sie standen im kalten russischen Winter vor Moskau. Und dem Napoleon, der ein sehr lebhafter Korse war und immer den Kopf heftig hin- und herbewegte, fiel seine Mütze herunter. Neben ihm stand zufällig dieser Galli. Der hob die Mütze auf und reichte sie ihm. Und Napoleon sagte: «Merci, mon capitain!» Der war aber gar kein Capitain und fragte: «Bitte, in welchem Regiment?» Und Napoleon antwortete: «In meiner Garde.» Da war er also was. Und da kommt das «von» her, das «von» ist nämlich kein «von», sondern ein «de».

Wo diese Mischung nun geboren wurde, das ist eine ungeklärte Frage. Es geschah nämlich auf einer Zugfahrt von Budapest nach Wien. Denn ich kam ein bißchen zu früh. Da hieß das Problem: «Was ist er jetzt, ein Ungar oder ein Österreicher?» Man hat meine Mutter immer wieder geplagt mit der Frage: «Wo war es, vor oder nach der Grenze?» Und meine Mutter hat geantwortet: «Da hab' ich was anderes zu tun gehabt als hinauszuschauen, wo die Grenze ist!» Was begreiflich war. Schließlich hat man entschieden: Also, der Zielbahnhof gilt. Und das war Wien. So bin ich denn ein Wiener.

Der Mensch dachte und Gott lachte

Frage: Wie kamen Sie zu dem Entschluß, Jesuit zu werden?

Solange mein Vater Beamter in Wien war, wo drei Buben geboren wurden, wohnten wir dort. Dann wurde er nach Südtirol versetzt, weil er Italienisch konnte. Hier wohnten wir in der Nähe von Trient, in Borgo. Aber ich wurde krank, denn ich hielt das Klima nicht aus. Seltsamerweise nur ich, die anderen Geschwister – wir waren jetzt vier Kinder, später kam noch das fünfte hinzu – vertrugen das Klima ganz gut. Und weil ich ständig krank war und kaum Luft bekam, brachte man mich zu meiner Großmutter nach Meran. Da habe ich die schönsten Jahre meines Lebens verbracht.
Mein Vater wurde dann auch nach Meran versetzt. Dort haben wir Kinder die Volksschule besucht. Es gab auch ein Gymnasium, das die Benediktiner leiteten. Auf dem war mein Vater gewesen, und meine Mutter wußte, was er dort alles angestellt hatte. Darum stand ihr Entschluß fest: «Meine Kinder – niemals werden sie bei diesen Benediktinern erzogen!»

So haben unsere Eltern also überlegt und kamen zu dem Entschluß: «Tun wir sie doch zu den Jesuiten nach Feldkirch (Österreich). Wir wollen sehen, was die aus ihnen machen können.»
Auf diese Weise kamen mein Bruder Hans und ich an die Stella Matutina. Die Jesuiten haben uns sehr beeindruckt, und wir wären eigentlich gerne in ihren Orden, die «Gesellschaft Jesu», eingetreten. Aber das wollten unsere Eltern nicht, meine Mutter schon gar nicht. Sie haben uns vielmehr ans Germanicum nach Rom geschickt, für zwei Jahre. Denn sie meinten, dort würden wir «Welt» sehen, und aufgrund dieser Weltkenntnisse würden wir uns dann schon anders entscheiden. Aber nach dem Motto «Der Mensch denkt und Gott lenkt» ist das nicht geschehen, und so sind wir eben doch Jesuiten geworden, mein älterer Bruder zuerst und dann ich.
Wenn man wissen will, was mich bewogen habe, ausgerechnet Jesuit zu werden, dann ist das eine schwer zu beantwortende Frage. Man darf das aber nicht so kompliziert sehen. Unter den Jesuiten, die wir kennengelernt haben, gab es einige tolle Leute, die später berühmt wurden. Die haben wir sehr verehrt. Und dann gab es noch einige junge Kerle, die uns auch sehr imponierten. Da sagten wir uns: Ja, warum sollen wir eigentlich nicht Jesuiten werden? Die kennen wir. Das sind ganz verschiedene Typen. So haben wir

doch eine gewisse Garantie, daß auch unser Typ hineinpaßt. Darum habe ich das Noviziat in Tisis gemacht und kam dann zum Philosophie-Studium nach Pullach bei München. Weil ich aber schon zwei Jahre in Rom am Germanicum studiert hatte, brauchte ich nur noch ein Jahr in Pullach zu absolvieren.

Danach hat man gemeint: Dieser Galli ist eh ein halber Wiener, ist in Wien geboren, und dort brauchen sie Leute. So wurde ich dann nach Kalksburg geschickt, an dieses große Kollegium vor Wien. Hier war ich drei Jahre als Präfekt im Internat tätig. Für die Österreicher war ich ein Revolutionär. Denn ich warf alle Regeln über den Haufen, weil alles so altmodisch zuging. Aber der Generalpräfekt hat zu mir gehalten. Das war der Pfiffi – so nannte man ihn. Er hat sehr wenig geredet, aber wenn er mit einem redete, dann traf er den Nagel auf den Kopf. Auf mich hat er nichts kommen lassen – weshalb ich annehme, daß er auch damit den Nagel auf den Kopf getroffen hat...

Ich hatte 60 Buben zu betreuen, drei Jahre lang die gleichen. Wir haben tolle Sachen gemacht. *Meine* Buben schworen zwar auf mich, aber die anderen verspotteten mich immer. Ich habe ja auch ausgesehen wie ein Kommunionkind. Wenn sie mich sahen, riefen sie: «Galli Galli Mario!» Im Winter hatten wir Eisplätze anzulegen. Unsere Abteilung hatte einen schiefen Platz, die anderen dagegen schöne gerade. Wie sollten wir da einen Eisplatz hinbekommen? Also beriet ich mich mit meinen Buben und sagte: «Das kriegen wir schon hin. An der tiefsten Stelle bringen wir ein Bord an und lassen dann nach und nach Wasser ein. Und zwar machen wir das so, daß es keiner merkt, nämlich in der Nacht. Ihr helft mir abwechselnd, und keiner redet davon!» So habe ich jede Nacht drei aus dem Bett geholt. Die Eisfläche wuchs und wuchs, und sie wurde gerade und spiegelglatt. Alles staunte. – Aber das Eis war natürlich so dick, daß es im Frühjahr nicht wegzubekommen war. Wir versuchten es mit Hacken und Pickeln. Und da spottete wieder alles: «Galli Galli Mario!» Ja, das war eine recht lustige Zeit.

Die ehemaligen Schüler treffen sich alle drei Jahre in Wien, und da ging ich auch gerne hin. Weil ich ein eifriger Präfekt war, habe ich über jeden meine Gedanken aufgeschrieben, über seinen Charakter, seine Fähigkeiten, seine vermutliche Zukunft usw. Lange nicht immer, aber doch in vielen Fällen hat das nachher auch gestimmt. Und wenn wir dann zusammenkamen, habe ich es vorgelesen und festgestellt: «Seht ihr, *so* habe ich euch beurteilt, und *so* seid ihr herausgekommen. Wir waren doch gar nicht so schlechte Freunde!»

Die Tuberkulose und das Zweite Gesicht

Frage: Dann kamen Sie nach Valkenburg in die Theologie?

Ja, die Theologie begann ich in Valkenburg in Holland. Dort wurde ich aber krank. Zunächst lag ich zwei Wochen im Spital. Die Ärzte meinten, ich hätte ein Darmgeschwür. Dann holte man mir den Blinddarm heraus. Das war alles Unsinn. Dem Blinddarm hat gar nichts gefehlt. Und später hat sich gezeigt, daß ich Tuberkulose hatte. Da mußte ich eine Liegekur machen. So kam ich mit Heinrich Dumoulin zusammen, der heute ein berühmter Mann in Japan ist, und mit Nikolaus Stillfried. Wir lagen draußen an der frischen Luft, mitten im Winter, zugepackt mit Decken bis zum Hals. Man konnte nichts tun, auch nicht studieren. Aber alle Vögel haben wir gekannt und eben die Natur um uns meditiert.
Damals ist etwas Schreckliches und sehr Seltsames passiert. Denn Stillfried hatte das «Zweite Gesicht». Und der Pater Brust, der «Carolus a pectore», ordnete an, Stillfried müsse, weil er zu Grübeln, Mißmut und Sterbensgedanken aufgelegt war, einen Ausflug ma-

chen. Er sollte Auto fahren, denn er fuhr sehr gut. Damit er einen lustigen Gefährten hatte, der ihn aufmuntern konnte, sollte der Pater Albert Rembold mitfahren, der Rheinländer war, ein großartiger Mann. Er war Exeget für Altes Testament und hat den «Davidspalter» geschrieben. Denn er hatte die Psalmen übersetzt unter dem Titel «Der Davidpsalter». Aber der Drucker-Bruder, der immer alles besser wußte, hat dann gesetzt: *Der Davidspalter.*
Der Professor sollte also mitgehen. Aber Stillfried hatte ein «Gesicht» und sagte: «Wir werden auf der Fahrt – wenn wir eine Fahrt machen – mit dem Auto frontal an einen Lichtmast prallen! Wir fliegen alle aus dem Auto, und der Pater Rembold wird sich den Kopf spalten, mitten durch.» Das hat er auf Antrieb seines Gewissens dem Professor Rembold erzählt. Der ging zu seinem Obern, dem Pater Brust, trat von einem Bein aufs andere, erzählte die Geschichte und meinte: «Ja, ich weiß doch nicht, ob es gut ist, daß ich da mitfahre.» Aber Brust bestimmte: «Sie gehen mit, und Sie werden ihn aufheitern! Das ist doch zu blöde: Da sieht man, wie weit die auf ihrer Liege gekommen sind, daß sie an solche Phantastereien glauben!» So mußten sie also fahren. Und es ist genau so gekommen, wie es Stillfried gesehen hat. Bei Venlo fuhren sie gegen einen Lichtmast, flogen alle aus dem Auto, der Pater Rembold prallte direkt an den Mast,

sein Kopf war gespalten, und aus war es. Der arme Stillfried wurde auf das hin noch schwermütiger und ist bald gestorben, er hat das seelisch nicht mehr überwunden. Das war beileibe nicht erfreulich.

In Valkenburg habe ich als Tuberkulosepatient nicht viel Kontakt mit der Allgemeinheit gehabt. Als ich dann aber frei kam vom Krankenzimmer, fand ich diesen Betrieb unerträglich. Aus dem einfachen Grund, weil wir 500 Leute im Kollegsgebäude waren. 500 Leute, die feierlich aneinander vorbeimarschieren, 500 Leute, deren Verhalten und Tun geregelt war bis in alles einzelne hinein – das war fürchterlich! In mir stieg eine wahnsinnige Wut auf.

Und dann kam der Pater Heiler, unser Provinzial, das war nach dem zweiten Studienjahr. Das dritte stand bevor, in dem man zum Priester geweiht werden sollte. Dem Provinzial sagte ich damals: «Also hören Sie, ich will ganz ehrlich reden. Ich ertrag's noch, ich suche auch dagegen aufzukommen. Aber ich hab' eine Wut, die steigt dauernd und dauernd, und eines Tages werde ich irgendeinem Professor zwei Boxer unter den Bauch geben und zwei darüber, peng, peng, das wird blitzschnell gehen!» Und er: «Dann werden dir zumindest die Weihen aufgeschoben.» – «Ja eben, deshalb sag' ich es Ihnen ja.» Da meinte er: «Ist das wirklich dein Ernst?» – «Ja. Ich will mich dagegen wehren, ich will es nicht tun, aber meine Wut steigt –

unentwegt! Ich rede mit niemand darüber, ich schimpfe nicht, ich empöre mich nicht, ich fresse das alles in mich hinein...» Und er: «Du siehst aber auch ganz blaß aus.» – «Na ja, ich bin ja auch schwindsüchtig.» – «Was macht man denn da?» – «Das weiß ich nicht, aber *hier* kann ich nicht bleiben.» Daraufhin hat er mich wieder nach Pullach bei München geschickt und bestimmt: «Du wirst jetzt allein studieren.»
Im Berchmanskolleg in Pullach konnte ich in der Bibliothek alle Bücher lesen, die ich wollte, obwohl mancher Professor dagegen war. Und ich habe dadurch viel gelernt, enorm viel; es war meine schönste Zeit während des Studiums. 1933 erhielt ich in Innsbruck die Priesterweihe. Man hatte mir zwar immer wieder angedroht, mir würden die Weihen hinausgeschoben. Ich solle mir überhaupt überlegen, ob der Priesterberuf das Richtige für mich sei. Darauf habe ich aber immer geantwortet: «Darüber wird überhaupt nicht diskutiert; für mich ist das klar. Was glaubt ihr denn, haben wir denn nicht von uns aus die Ordensgelübde für unser ganzes Leben abgelegt? Also, wenn ihr Schwierigkeiten habt, dann ist das eure Sache, ich habe keine!»
Nach der Priesterweihe hat man mich zu Nonnen in die Nähe von München geschickt. Die waren eigenartig überspannt und skrupulös. Darum habe ich ihnen klarzumachen versucht: «Die Hälfte von euch muß

aus der Kongregation austreten. So geht das nicht. Die meisten von euch spinnen ja. Entweder müssen die einen ganz anderen Lebensstil haben, oder sie müssen gehen. Einige können bleiben, die sind vielleicht geeignet für dieses Leben, und die werden Gott erreichen.» Damals war ich noch so kühn und habe das einfach so drauflos gesagt. Infolgedessen hat man mich schleunigst wieder von dort weggenommen und nach Pullach zurückgeholt.

Da überkam mich wieder eine furchtbare Wut, und ich machte eine rabiate Fahrradtour. Aber am Morgen darauf mußte ich Blut spucken. Mein Provinzial schickte mich zum Dr. Häusler nach Feldkirch. Der war der Leibarzt von Pius XI. gewesen. Er hatte auch das Exerzitienhaus für die Jesuiten gebaut. Seine Spezialität war eine sogenannte Roßkur gegen Tuberkulose. Er gab mir ein Fläschchen mit Medizin. Mit dieser mußte ich meinen ganzen Brustkorb fest einmassieren lassen. Darüber sollte ich eine enge Watteweste anlegen, und dann würde das ziehen, und es gäbe Blasen an Brust und Rücken. Das müsse mich gar nicht bekümmern, und ich dürfe die Weste unter keinen Umständen, möge es jucken wie es wolle, ausziehen: vierzehn Tage lang. Dann könne ich sie entfernen, die Blasen mit einer Nadel aufstechen und vierzehn Tage Pause machen. Die Sache müsse ich dann so lange wiederholen, bis keine Blasen mehr da seien.

Das habe ich dreimal durchgeführt. Es war eine gräßliche Qual. Daraufhin habe ich mich dem Arzt in Feldkirch wieder gezeigt, und er sagte: «Alles ist heraus.» Nach seiner Ansicht waren die Tuberkeln auf diese Weise herausgezogen worden, und er kommentierte: «Andernfalls bilden sich Kavernen um die Bazillen, und später, wenn Sie sich besonders strapazieren und dabei abmagern, dann brechen die wieder auf, und alles fängt von vorne an. Dagegen sind bei meiner Methode die Krankheitserreger herausgezogen und weg!»

Also habe ich dem Provinzial Heiler mitgeteilt, ich sei nun kuriert und könne eine Arbeit übernehmen. Der war zufrieden, meinte aber, für den Fall, daß die Krankheit wiederkomme, drohe er mir an, daß ich Spiritual in einem Priesterseminar würde. Wenn ich das nicht wolle, müsse ich eben sehen, daß ich gesund bleibe.

Bei einer späteren Kontrolluntersuchung in Deutschland war der Arzt sprachlos. Er sagte: «Da sind ja eine Menge Narben in der Lunge, aber keine Kavernen. Ich verstehe nicht, was das ist!» – «Ja, ja», habe ich gesagt, «das ist ein besonderes Verfahren, eine sogenannte Roßkur» usw. Ich war also wirklich gesund. Und das war sehr erfreulich.

Kampf gegen den Nazi-Terror

Frage: In Ihrem Leben ist es immer hochdramatisch zugegangen. Wie war das bei Ihrem Einsatz in Nazi-Deutschland?

Nach dem Abschluß des Studiums 1934 wurde ich zunächst zu meinem ersten regulären seelsorglichen Einsatz nach Basel geschickt. Dort vertrat ich ein Jahr lang in St. Clara den Vikar. Anfang 1935 kam ich dann nach Aschaffenburg. Dort gab es eine kleine Jesuitenkommunität, drei oder vier Leute. Die arbeiteten als Seelsorger und betreuten eine kleine Kirche, die Sandkirche. Meine erste Predigt hatte das Thema «Gott aber lachte» und war nach Psalm 2 auf die damalige hybride Situation unter den Nazis gemünzt.
Bald darauf wurde in einem Dorf in der Nähe der Pfarrer krank und mußte drei Monate in Erholung gehen. Ich vertrat ihn während dieser Zeit. Das war alles andere als langweilig. Ich bin zu den Kranken gegangen, habe Schule gehalten, obwohl ich nichts davon verstand, und anderes mehr. Seelsorgerlich war ich natürlich kein Profi. Auf der Kanzel habe ich den Bauern gesagt: «Ihr seid alle verkommen. Beichten

tut ihr einmal im Jahr. Und bis dahin habt ihr alles gemacht, was man nur anstellen kann. Aber trotzdem habt ihr wirkliche Reue, man muß euch lossprechen, es bleibt einem gar nichts anderes übrig. Und am nächsten Tag geht es schon wieder los wie vorher.»
Das hat sie sehr aufgebracht, aber sie meinten trotzdem: «Nun ja, er sagt es genau, wie es ist.»
Manche Geistliche in der Umgebung fanden, daß meine Seelsorge unsagbar primitiv sei, weil ich alles in Geschichten kleidete. Ich habe darauf erwidert: «Schauen Sie. Ich muß diesen Leuten doch etwas beibringen. Und damit das hängen bleibt, muß ich Geschichten erzählen. Jesus hat das ja auch getan. Er hat seine Aussagen in Parabeln gekleidet. Und darum erfinde ich eben Parabeln. Wenn die euch nicht gefallen, dann kümmert mich das nicht. Ich rede ja nicht zu euch, sondern zu einfachen Leuten.»
Und dann kam dem Pater Provinzial die Idee, eine «Rednerturme» (turma = Gruppe) einzusetzen. Diese bestand im Endeffekt aus zwei Leuten, dem Pater Eduard Haubs und mir. So kam ich nach Stuttgart. Haubs hatte schon etwas aufgebaut, und zwar in Württemberg, von Stuttgart aus über Esslingen, Ulm, Biberach, Ravensburg, Tettnang bis nach Lindau. Wir hatten eine fabelhafte Bibliothek, alles über Theologie und über Geschichte. Unser Ziel war es, weltanschauliche Vorträge zu halten. Wir gingen

brav nach der Dogmatik vor und versuchten, das auf die damalige Zeit zu übertragen. Der Pater Haubs war ganz stolz, daß er jetzt einen «Schüler» hatte. Wenn ich in der Runde der Mitbrüder etwas sagte, rief er gleich: «Schweig, du bist ein Schüler!» Das war lustig! Wir haben alle Ansprachen zusammen erarbeitet, und jeder hat dann das gleiche vorgetragen, natürlich jeder an einem anderen Ort. Das ging so, bis die Nazis richtig anfingen.

Dann geschah folgendes. Der Bischof kam zu uns zum Mittagessen und sagte: «Ich habe mir eure Predigten angehört. Das ist ganz gut und recht, und ich tadle es nicht. Aber ich glaube, etwas anderes wäre heute wichtiger. Jetzt kommt diese Rosenberg-Geschichte auf. ‹Der Mythos des 20. Jahrhunderts› von Alfred Rosenberg gilt natürlich als Privatstudie, das ist eigens gesagt worden; aber de facto ist es doch eine Nazi-Doktrin. Da müßte man jetzt jemanden haben, der dieses Buch Kapitel für Kapitel widerlegt. Wenn ich das meine Geistlichen machen lasse, kommt mir einer nach dem anderen ins Gefängnis, und wer macht dann die Seelsorge? Während, wenn Sie ausfallen, ist der Schaden nicht so groß.» Ich triumphierte und rief. «Wunderbar, wunderbar!» – «Schweig», konterte Haubs, «du hast hier nichts zu sagen!» – «Aber ich drücke ja nur meine Befriedigung aus!» Er konnte so erregt sein. Sonst war er aber sehr gemütlich. – Wir waren natürlich einverstanden. Der Bischof meinte: «Wenn Sie das gut machen mit dem Rosenberg, dann kann das nicht lange gut gehen. So wie ich bin und wie ich hoffe, daß auch Sie sind, kommen wir dann ins Gefängnis. Wir können darum gar nichts anderes tun, als uns das Versprechen zu geben: Wer dann noch nicht eingesperrt ist, der wird alles für ihn Menschenmögliche tun, um den, der im Loch sitzt, wieder herauszuholen.» Dann standen wir auf, erhoben unser Glas und stießen darauf an. Und ich sagte: «In der Schweiz gibt man sich dann auch noch die Hand, wie bei einem Schwur.» – «Jawohl», sagte der Bischof, «wir geben uns die Hand.» Das war eine höchst feierliche Angelegenheit.

Wir fingen also damit an und richteten einen ganz neuen Zweig in unserer Bibliothek ein. Dann zogen wir los. Und wir hatten enormen Erfolg. Alle Kirchen waren voll, wobei nicht nur Katholiken kamen. Es waren durch die Bank Leute da, die gegen die Nazis waren. Die Ansammlungen gingen über die Kirchentüren hinaus, so daß mutige Pfarrer draußen Lautsprecher anbrachten. Mein Kollege Haubs weitete daraufhin unsere Tätigkeit aus. Außer in Stuttgart war er in Karlsruhe, in Mannheim und in allen größeren Städten. Dort hat er gewaltig gepredigt. Ich durfte nie dorthin. Aber dafür durfte ich fast ganz Württemberg übernehmen.

Diese Tätigkeit war sehr aufregend und manchmal auch lustig. Jeden Monat kam ich an denselben Ort. Wir haben nämlich den Alfred Rosenberg Kapitel für Kapitel behandelt. In einer Stadt, wo ich damit fortfahren wollte, sagte eines Tages der Pfarrer zu mir: «Pater, ich bedauere, aber ich glaube, ich kann Sie nicht auf die Kanzel lassen. Denn der NS-Kreisleiter hat gedroht, er werde vor Ihnen sitzen, und sobald Sie den Namen Rosenberg aussprechen, werde er hinaufgehen und Sie von der Kanzel herunterholen. Damit ist dann Gewalt in der Kirche geschehen, und die Kirche ist entweiht. Dann müßte ich sie neu weihen lassen. Das will ich auf alle Fälle vermeiden. Infolgedessen werden wir gar nicht predigen.» Ich erwiderte: «Ja, was glauben Sie denn? Dafür bin ich doch eigens hierher gekommen!» Und er: «Ich kann nichts dafür, aber das will ich nicht riskieren.» – «Ja gut», sagte ich, «dann muß ich überlegen, was da zu machen ist.» Dann ging ich auf mein Zimmer und dachte nach: Was mach ich denn jetzt nur? Am Schluß habe ich dem Pfarrer gesagt. «So, ich hab's gefunden. Jetzt probieren wir's halt trotzdem. Ich glaube, ich habe einen Weg.»

Ich kletterte also hinauf auf die Kanzel, schaute herunter, und da sah ich: In Galauniform direkt vor mir sitzt der Nazihäuptling. Ich begrüßte meine Leute und sagte dann: «Es freut mich, daß auch der Herr

Kreisleiter zu uns gekommen ist. Das ist ein Zeichen, daß man unsere Offenheit schätzt, und das freut mich. Der Führer hat ausdrücklich gesagt, daß das Buch von Rosenberg kein offizielles Parteibuch sei, sondern eine Privatarbeit des Herrn Rosenberg. – Die man natürlich überall gebrauchen kann, und deshalb können wir die hier auch gebrauchen. Und ich habe sie auch mitgebracht, wie schon letztes Mal.» Dann habe ich eingefügt: «Sehen Sie, was es auf der Welt für Verleumder gibt! Man hat mir gesagt, diesmal sitze der Herr Kreisleiter vor mir. Und wenn ich den Namen Rosenberg das erstemal ausspräche, würde er auf die Kanzel kommen und mich herunterholen. Sehen Sie, welch gemeine Verleumder! Jetzt habe ich den Namen Rosenberg schon dreimal ausgesprochen. Aber der Herr Kreisleiter rührt sich nicht. Er hat also überhaupt nicht die Absicht gehabt, hier heraufzukommen. Gemeine Verleumder sind das! Ich sehe, der Herr Kreisleiter ist mit mir vollkommen einer Meinung, sonst wäre er schon längst aufgestanden und hätte mich heruntergeholt.» Lange Pause. Der saß da und rührte sich nicht. Dann konnte ich fortfahren. «Wir wollen jetzt also programmgemäß beginnen und das vierte Kapitel von Rosenberg gründlich und wahrheitsgemäß behandeln.» Der Nazihäuptling saß da bis zum Schluß und muckste sich nicht! Es ist nichts passiert. Da war ich natürlich sehr froh.

Das ging ungefähr ein Jahr lang gut. Denn erstens haben wir immer betont: «Dieses Buch von Alfred Rosenberg ist eine Privatangelegenheit.» Und zweitens haben wir erklärt: «Das, was wir hier sagen, das sagen wir auch in Stuttgart in der St.-Eberhards-Kirche. Und was man in der Eberhards-Kirche sagen darf, das wird man doch wohl auch hier sagen dürfen!»

Aber die Auseinandersetzungen wurden immer heftiger. Beispielsweise haben wir den evangelischen Landesbischof Wurm in Stuttgart gegen die Nazis verteidigt. Da waren wir bereits ganz ökumenisch. Wir demonstrierten vor seinem Bischofssitz und riefen, die Angriffe der Partei gegen den Bischof beständen völlig zu Unrecht; das Gegenteil sei der Fall usw. Da fuhr die Polizei mit Wasserwerfern auf und fegte uns alle vom Platz. Wenn die einen trafen, dann klatschte man nur so hin. Ich stürmte zwar immer wieder vor, aber es war überhaupt nichts zu machen: man wurde einfach weggeschwemmt.

Und eines Tages holten die Nazis den Pater Haubs ab, vom Essen weg. Ich habe ihm noch ein Buch von Luther mitgegeben: «Da hast du etwas zu lesen: Luther liest du ja sonst doch nicht. Doch Luther war an sich ein frommer Mann. Und es ist gut, daß du das liest!» Doch Haubs war ganz verstört. Er hatte nämlich furchtbare Angst vor den Stahlruten der Gestapo

(Geheime Staatspolizei). Oft war er mitten in der Nacht aufgesprungen und raste im ganzen Haus herum aus Angst vor diesen Stahlruten. Er war nur etwa drei Wochen im Gefängnis. Denn der Bischof hat ihn herausgeschlagen. Der läutete direkt bei Göbbels an und sagte gegen alle Abwimmelungsversuche: «Ich komme.» Dem Göbbels hat er dann so eingeheizt, daß der den Haubs auf der Stelle freiließ. Er bekam nicht einmal Redeverbot. Aber er war zahm geworden und hat nur noch sehr fromm gepredigt… Nur ich habe frech weitergeredet.

Auf des Messers Schneide

Frage: Nachdem Haubs verhaftet war, übernahmen Sie dann seine Arbeit?

Ja, ich hatte jetzt sogar die Stuttgarter Hauptkirche St. Eberhard zu betreuen, wo mich Kollege Haubs nie hatte reden lassen. Dort war beim katholischen Gottesdienst immer auch der ganze evangelische Kirchenrat mit dem Landesbischof Wurm versammelt, vorn in den ersten Bänken. Und hier wurde es dann gefährlich. Die Situation spitzte sich immer mehr zu. Der Pater Manuwald fungierte als mein Berater. Eines Tages schärfte er mir ein: «Wenn eine Störung passiert – das müssen Sie sich merken –: Unter keinen Umständen halten Sie an! Sie reden unentwegt weiter. Und wenn die Leute auch schreien und wenn es ein Getöse gibt. *Sie* reden. Ganz ruhig reden Sie weiter, immer weiter; dann werden wir es durchstehen; sonst wird es ein Chaos geben. Denn die wollen stören.» Dazu ich: «Na ja, dann kommen Sie halt mit. Ich stehe am Ambo, Sie sitzen hinter mir, dann können Sie mir ja immer wieder zuflüstern, was ich tun soll.»

Und dann fingen wir an. Es war knallvoll, und der Bischof war da mit dem ganzen Kirchenrat. Ich legte los und sagte nach einer kurzen Einführung: «Jetzt wollen wir vergleichen, den Rosenberg und den hl. Augustinus. Wir nehmen immer ein Zitat von Rosenberg und eines von Augustinus. Zuerst zitieren wir den *kleinen* Rosenberg und dann gleich anschließend den *großen* Augustinus. ‹Diese afrikanische Mißgeburt›, so nennt ihn Rosenberg; aber für uns ist er halt doch der große Augustinus.» Dann kamen die Zitate, und ich fragte: «Entscheiden Sie selbst: Welcher Satz war denn intelligenter? In beiden Fällen handelt es sich um die gleiche Sache.» Die Störer waren aufgeregt. Sie stampften mit den Füßen und schlugen mit den Fäusten auf die Bänke. Andere zogen eine Zeitung heraus und schlugen diese auf. Da griffen aber die katholischen Männer ein. Die nahmen ihnen freundlich die Zeitung weg und sagten: «Entschuldigen Sie, mein Herr, es ist bei uns nicht üblich, daß man in der Kirche Zeitung liest», falteten die Zeitung zusammen und überreichten sie ihnen wieder. Der eine oder andere, es waren nicht viele, fing sogar an, zu schreien. Aber auch da kamen unsere Männer und sagten: «Oh, es ist Ihnen übel», nahmen den Betreffenden und trugen ihn über die Köpfe der Leute hinweg nach draußen. Es war herrlich! Und so ging das bis zum Ende.

Der Dekan – das war der berühmte Stadtpfarrer, der im Ersten Weltkrieg ein Bein verloren hatte und eine Prothese trug –, der sagte dann in der Sakristei zu mir: «Ja, Pater, das ist ja alles gut gegangen, aber das Malheur kommt *jetzt.* Denn die haben sich vorgenommen: Wenn der herauskommt, dann verprügeln wir ihn so, daß nichts mehr von ihm übrigbleibt! Die stehen jetzt draußen um die ganze Kirche herum, die Hitler-Jugend auch, und sagen: Wir machen ihn fertig! Was tun wir jetzt? Ich kann Sie doch nicht die ganze Nacht in der Sakristei lassen oder hier einsperren!» Darauf ich: «Herr Dekan, das kommt gar nicht in Frage. Ich gehe jetzt hinaus. Ich habe hier diesen Mantel, dieses Cape, darin sieht man total anders aus, als wenn man auf der Kanzel steht. Kein Mensch erkennt mich darin. Ich nehme die ganzen Bücher, die ich mitgehabt habe, unter den Arm. Und so, wie ein Gelehrter, gehe ich hinaus.» – «Na danke schön», sagte der, «*ich* bin dann nicht schuld. Ich kann Sie nicht schützen. Und die Polizei kann ich auch nicht anrufen. Das ist dann *Ihre* Sache.» – «Jawohl, das ist meine Sache.» Und hopp hopp, ging ich hinaus. Die schrieen durcheinander: «Wo ist er? Wo ist er?» Und ich ging mitten durch sie durch. Da habe ich gesehen: Das ist mit Jesus eigentlich gar nichts so Besonderes gewesen, wenn die ihn erregt vom Felsen herunterstürzen wollten und es heißt: «Er drehte sich um und ging mitten durch sie hindurch.» Ich habe mir gesagt: Ja, die denken gar nicht an so etwas, weil das unter den Möglichkeiten, die sie im Kopf haben, gar nicht existiert.

Als ich dann nach Hause kam, rief ich den Dekan an und meldete: «Ich bin glücklich angekommen. Es ist überhaupt nichts passiert.» – «Na so was!» – «Gar nicht ‹so was›», konterte ich, «das ist offenbar das Normale!»

«Auf wessen Lebenszeit?»

Frage: Wie kam es dann dazu, daß Sie aus Deutschland ausgewiesen wurden?

Nun, bald darauf kam die Gestapo zu mir und wollte auch mich verhaften. Ich fragte: «Entschuldigen Sie, mit welchem Recht nehmen Sie mich eigentlich fest? Das können Sie doch gar nicht!» – «Das werden Sie gleich sehen, ob wir das können!» Darauf ich: «Hören Sie, weshalb Sie mich festnehmen wollen, das ist doch ein politisches Vergehen?» – «Jawohl, ein politisches Vergehen!» – «Dann können Sie mich nicht festnehmen, denn ich bin ein Ausländer. Ich bin Österreicher, und einen Ausländer können Sie wegen eines politischen Vergehens nicht festnehmen.» – «Das ist das Neueste, was Sie da erzählen!» – «Dann fragen Sie halt im Innenministerium an, hier ist ein Telefon, hier können Sie nachfragen.» Die haben angefragt. Und dort hat man ihnen bestätigt: Nein, das könnten sie nicht. Sie könnten einen Ausländer ausweisen, aber sie könnten ihn deswegen nicht einsperren.

Das war der erste Akt. Zweiter Akt: Eine Stunde spä-

ter kam wieder einer und knallte mir eine Mappe auf den Tisch. Ich sagte: «Danke schön.» – «Ja und? Wollen Sie das nicht lesen?» – «Ja schon, aber erst, wenn Sie draußen sind. Oder gehört das zu Ihren Vorschriften, daß ich das vor Ihren Augen lesen muß?» – «Nicht, daß ich wüßte», sagte der. «Na also, dann sind wir uns ja einig. Auf Wiedersehen!» Und er verschwand. Da stand drin, was ich ja schon wußte, daß ich ausgewiesen würde, daß ich nicht mehr reden dürfe, daß die Polizei den Fall übernehmen würde usw.
Ich läute also den Dekan an und sage: «Also jetzt kann ich nicht mehr kommen. Ich habe Redeverbot. Was machen wir jetzt?» Der Dekan: «Um ein einziges möchte ich Sie bitten. Sie kommen auf jeden Fall; Sie kommen!» – «Natürlich komme ich, aber ich kann ja nicht reden.» – «Das wollen wir dann schon machen. Sie kommen unbedingt!» – «Jawohl», habe ich gesagt. Ich ging also zum nächsten Gottesdienst hin. Und dann stieg der Dekan auf die Kanzel, berichtete, was passiert war, und betonte, das sei nicht bloß eine Mitteilung, die er da mache: «Der Mann ist nämlich hier, aber man hat ihm verboten, zu reden. Wenn das nicht eine *üble* Sache ist!» – «Jawohl», riefen einige, «das ist eine üble Sache!» Darauf der Dekan: «In dieser Not bleibt uns nichts anderes übrig, als daß ich eine Litanei vorbete, und ihr antwortet.» – «Jawohl», sagten die Leute. Und dann betete er:

«Daß Du uns behüten wollest vor Maßnahmen, die schreiendes Unrecht sind» usw. So kam eine Bitte nach der anderen. Und die Leute schrieen, daß die Wände wackelten: «Wir bitten Dich, erhöre uns!» Auch der Bischof Wurm und sein Kirchenrat riefen mit. Später hat der Bischof geäußert: «Das war das Imponierendste von den ganzen Nazipredigten, die wir erlebt haben.»

Danach hat man mich dann geholt, um mich auszuweisen. Die Beamten waren soweit ganz freundlich, denn es handelte sich um die normale Polizei, nicht um die Gestapo. Auf dem Polizeirevier wurde eine amtliche Handlung vollzogen: «Herr von Galli, wir haben Ihnen eine betrübliche Mitteilung zu machen. Sie sind aus dem gesamten deutschen Reichsgebiet ausgewiesen, *auf Lebenszeit!*» Ich mußte lachen. «Warum lachen Sie?» Darauf ich: «Das ist doch ein einigermaßen feierlicher Akt, den Sie hier vornehmen?» – «Jawohl. Betrüblich für Sie, das ganze Leben lang!» – «Ja, aber dann muß es doch wenigstens deutsch, ganz sauber und klar sein. Das ist es aber nicht.» – «Wieso?» – «Sie haben ja gar nicht gesagt, auf wessen Lebenszeit!» Da sprang der Beamte auf und schrie: «Wie, Sie schmähen den Führer?!» Da habe ich erwidert: «Also hören Sie, das können Sie nicht zu Protokoll nehmen. *Sie* haben den Führer ins Spiel gebracht. Von dem habe ich überhaupt nicht ge-

sprochen.» Da war er böse. Er läutete, und da kam einer herein, dem befahl er: «Der Mann hier ist gefährlich. Schreiben Sie jedes Wort mit, das er sagt!» Aber ich: «Jetzt werde ich kein Wort mehr sagen.»
Dann teilte er mir mit, daß ich drei Tage Zeit hätte. Und er wollte wissen, wo ich über die Grenze gehen wolle. Ich antwortete: «Ich will in Friedrichshafen über den See fahren, nach Rorschach.» – «Ja, warum denn das?» – «Nun, Sie haben gesagt, ich kann wählen. Und wenn ich wählen kann, gehe ich eben nach Rorschach.» – «Warum?» – «Weil das eine schöne Seefahrt ist. Ich kann friedlich über den See fahren, das letztemal vielleicht.» – «Aber warum nach Rorschach? Sie können doch auch nach Bregenz fahren. Warum denn gerade in die Schweiz?» – «Das hat seine Gründe.» – «Welche Gründe?» – «Sehen Sie, die Schweiz, das ist noch ein ziemlich freies Land, da kann man noch sagen, was man denkt.» – «So? Und was wollen Sie denn da sagen?» – «Da will ich sagen, wie liebenswürdig Sie mich behandelt haben.» – «Ach, das wollen Sie also sagen?» – «Ja, das kann Ihnen ja nur von Nutzen sein.»
Danach rief mich ein katholischer Beamter vom Innenministerium an und sagte: «Sie haben angegeben, Sie gingen am dritten Tag über Friedrichshafen nach Rorschach. Ich rate Ihnen: Gehen Sie am zweiten Tag.» – «Ja, warum denn?» – «Wenn Sie am dritten

Tag kommen, dann ist alles vorbereitet, und man wird sie so verprügeln, daß Sie keinen heilen Fleck mehr am Leib haben. Wenn Sie aber am zweiten Tag kommen, *kann* es gut gehen.» Das tat ich dann auch. Der Beamte in Friedrichshafen mußte ein Papier bestätigen, eine Art Zwangsvisum, das ich abzugeben hatte. Als er das sah, war er ganz entsetzt und raste ans Telefon. Er mußte laut hineinbrüllen, und ich bekam mit: «Du, der ist schon da, was mach ich jetzt?» Der andere sagte etwas, was der Anrufer aber nicht verstand. Dann kam er aufgeregt zurück und meinte: «Ich soll etwas mit Ihnen machen, ich verstehe aber nicht, was. Was soll ich jetzt tun, soll ich Sie einsperren?» Da habe ich zu ihm gesagt: «Das wäre das Dümmste, was Sie machen können. Ich gebe Ihnen dieses Papier. Da schreiben Sie drauf: ‹Alles ordnungsgemäß erledigt›, und schicken es sofort ab. Dann kann Ihnen nichts passieren.» Da sah er mich groß an und meinte: «Das ist eine Idee. Sie, das ist wirklich eine Idee!» Und so hat er mich laufen lassen. Und damit landete ich Ende 1936 glücklich wieder in der Schweiz.

Hysterie hat sich in Gallensteine verwandelt stop

Frage: Blieben Sie dann in der Schweiz?

Nein. Ich ging zuerst nach Österreich. Das war noch vor der Eingliederung ins «Großdeutsche Reich». Nach all diesen Aufregungen erholte ich mich erst einmal bei meinem Bruder in Feldkirch und half dort ein bißchen in der Seelsorge. Dann machte ich in St. Andrä/Kärnten mein «Tertiat», das abschließende spirituelle Jahr der Ordensausbildung. Doch auch das lief anders als geplant. Ich hatte nämlich aufgrund der Nazigeschichten Gallensteine bekommen, wußte das aber nicht. Und der Arzt hat es auch nicht erkannt. Nach der Untersuchung kam er zu folgendem Ergebnis: «Nach allem, was er beschreibt, hat er Gallensteine. Aber in Wirklichkeit: Wenn man ihm die Augen herunterzieht, dann müßte es gelb sein; das ist aber nicht der Fall. Also hat er doch keine Gallensteine.» Dann hat er meinem Provinzial in der Oberdeutschen Provinz mitgeteilt: «Der Mann ist hysterisch.» Und damit war ich hysterisch. Der Provinzial hat mich genau wie einen Hysteriker behandelt. Nun, das kann es schon mal geben.

Aber dann hat mir der Pater Ivo Zeiger, der inzwischen verstorben ist und den ich heute noch sehr verehre, das Leben gerettet. Mein Zustand wurde nämlich immer schlimmer. Ich habe mich am Boden gewunden vor Schmerzen. Und Ivo Zeiger rannte zum «Seligen Franz», dem Rektor des Tertiats, Pater Franz Hatteyer, und sagte erregt: «Also hören Sie, den Galli müssen Sie untersuchen lassen! Und wenn der Provinzial hundertmal sagt, er sei hysterisch: Das stimmt einfach nicht! Das sieht man doch!» Daraufhin ließ Hatteyer mich kommen und forderte mich auf: «Also ich verpflichte Sie jetzt im heiligen Gehorsam, mir zu sagen, was Sie eigentlich haben!» Denn ich hatte immer gesagt: «Es geht euch einen Dreck an, was ich habe.» Ich antwortete: «Nun gut. Aber dann müssen Sie mir auch versichern, daß Sie das niemandem weitersagen. Es ist nämlich eine furchtbar peinliche Krankheit.» – «So», sagte er, «eine peinliche Krankheit?» – «Ja, eine peinliche Krankheit. Nehmen Sie also zur Kenntnis: Ich bin hysterisch!» Darauf er: «Etwas Dummeres konnten Sie nicht sagen! Ich bin nämlich von Hause aus Psychologieprofessor. Und ich weiß genau, was für viele Fehler Sie haben. Aber den haben Sie nicht. Hysterisch sind Sie nicht.» Dann schickte er mich nach Klagenfurt an die Universitätsklinik.

Als ich dorthin kam, saß eine Ordensschwester an der

Pforte. Die schaut mich an und sagt: «Ich weiß genau, was Sie haben.» Darauf ich: «Hören Sie, man will das ja erst untersuchen!» – «Aber ich weiß es trotzdem.» Da hatte ich einen Einfall: «Also gut, wir machen eine Wette: Sie schreiben auf einen Zettel, was ich habe, den stecken wir in einen Umschlag und verschließen ihn. Und wenn dann der ärztliche Befund heraus ist, machen wir ihn auf. Und Sie werden als Pförtnerin *abgesetzt,* wenn Sie es falsch haben, und wenn Sie es richtig haben, werde ich Ihnen... ich weiß nicht was... *bezahlen,* das bekommt dann Ihr Kloster.» Und die hat recht behalten!
Alles hat man durchuntersucht, eine ganze Woche lang. Und am Schluß sagte der Arzt: «So, jetzt kommt noch die Galle dran. Da kann nichts Schlimmes sein, vielleicht eine kleine Verwachsung oder so etwas.» Diese letzte Untersuchung wurde durchgeführt. Am Nachmittag mußte man immer ins Bett gehen, das war so Vorschrift. Ich lag also schön brav, da kam der Chefarzt herein und sagte: «So, und jetzt werden wir uns operieren lassen.» Und ich: «Aber, Herr Doktor, wegen einer kleinen Verwachsung läßt man sich doch nicht gleich operieren!» Da wurde der wild – es war ein junger, etwa 35 Jahre alt –, drehte sich um und schrie: «Wenn Sie verrecken wollen, dann verrecken Sie halt!» Und schnack, knallte er die Türe zu. Dann kam der Assistenzarzt, und den fragte

ich: «Hören Sie, was ist denn da passiert?» Der sieht mich verwundert an und fragt: «Ja, haben Sie denn die Bilder nicht gesehen?» – «Nein, keine Spur. Niemand hat mir die gezeigt.» – «Na, Ihre Gallenblase ist zum Platzen voll. Die kann jeden Augenblick aufbrechen, und dann sind Sie erledigt. Also muß man so schnell wie möglich operieren.» – «Ach», habe ich gesagt, «welche Freude!» – da kam dann die ganze Rachsucht –: «Ich schreibe ein Telegramm an den Provinzial: ‹Hysterie hat sich zu meinem Vorteil in Gallensteine verwandelt. Muß operiert werden.›»
Ein guter Arzt, ein Spezialist für Gallenoperationen, hat mich dann operiert. Aber man hatte Angst, denn ich war ja spindeldürr, und man meinte: «Unter dem Messer noch stirbt der uns weg, der ist ja ganz schwach!» Und deshalb hat der Arzt sehr schnell gearbeitet. Die Schwester meinte hinterher: «Das einzige, was mich wundert, ist, daß er nicht ein Messer in Ihrem Bauch hat liegen lassen!» Aber es ging gut. Doch nachher bestand die Gefahr, daß ich eine Thrombose bekam. Der Chirurg kam ins Zimmer und fuhr mich an: «Warum stehen Sie denn nicht auf?» – «Ja, weil mir niemand erlaubt hat, aufzustehen.» – «Also raus!» Ich heraus aus dem Bett. «An die Türe!» An die Türe. «Umdrehen!» Umdrehen. Ich trete auf – und schreie. Da war die Thrombose im Bein. Der nimmt mich, wirft mich aufs Bett und

lacht unbändig! Ich frage: «Warum lachen Sie denn so blöd?» Und er: «Ja, wissen Sie, das hätte geradesogut, wie es jetzt ins Bein gerutscht ist, ins Herz gehen können. Dann wären Sie tot umgefallen. Jetzt sind Sie aber nur aufs Bett gefallen. Ist das nicht Grund genug zum Lachen?»

Die «Orientierung»

Frage: Sie waren mit Leib und Seele Journalist. Wie kam es eigentlich dazu?

Nach dem Tertiat kam ich 1937 nach Zürich. Zunächst wohnte ich im «Akademikerhaus». Dort ging es lebendig und lustig zu. Denn es waren so berühmte Leute zusammen wie Richard Gutzwiller, Jakob David und Josef Rudin. So ergaben sich interessante, zum Teil auch heftige Debatten. Gutzwiller war Studentenseelsorger und pflegte eine ausgedehnte Vortragstätigkeit. Er war für uns *die* Kanone von Zürich. Ich habe immer gesagt. «Der Gutzwiller, das ist unser Taschen-Panzerkreuzer.» Mit ihm habe ich längere Zeit zusammengearbeitet.
Hauptsächlich arbeitete ich aber am «Apologetischen Institut». Dieses gab die «Apologetischen Blätter» zur Verteidigung des Glaubens heraus. Pater Karl Stark leitete sie. Er war Spezialist für Kommunismus und hat sogar in der russischen Enzyklopädie, Moskau, Artikel geschrieben, allerdings unter falschem Namen. In der kommunistischen Buchhandlung war er der beliebteste Mann. Die hielten ihn für so etwas

wie einen Ragaz, obwohl er auch apologetische Vorträge gegen den Kommunismus gehalten hat. Als die Kommunisten dann in der Schweiz verboten wurden, haben sie uns angeboten, über Nacht ihre besten Bücher holen zu kommen – und sie hatten große Werke. Das haben wir dann auch getan.

Wir hatten unsere Arbeitsgebiete aufgeteilt. Stark beschäftigte sich mit Kommunisten und Freidenkern, ich mit Protestanten und Sekten. Eines Tages bekam Stark plötzlich eine Gehirnhautentzündung. Da habe ich ihn beruhigt: «Mach dir keine Sorgen, ich schmeiße den Laden schon!», und habe es übernommen, die Blätter alle acht Tage herauszubringen. Während dieser Zeit mußte ich so arbeiten, daß ich kaum noch schlafen konnte. Die Apologetischen Blätter wurden von lauter speziellen Kreisen bezogen. Die konnten dann stolz sagen: «Wir haben Nachrichten, die niemand hat!» Denn wir informierten ziemlich eingehend über alle antikirchlichen Richtungen.

Pater Paul de Chastonay war der Chef des Apologetischen Instituts. Der saß in Bern und betreute dort die Diplomaten und Politiker. Ihm gefiel diese Art von Publikation jedoch gar nicht. Er meinte: «Das sind ja die reinsten Polizeiberichte! Und das kann doch nicht die Aufgabe der Apologetischen Blätter sein!» Das Empfinden hatte ich allerdings schon lange. Darum schlug ich meinem Kollegen Stark vor: «Wir müßten etwas von einer Zeitschrift an uns haben, zum Beispiel einen Leitartikel von berühmten Leuten über weltanschauliche Fragen. Wir sollten alle geistigen Ströme aufgreifen, bei denen man spürt: Da tut sich etwas Neues; und zwar so, daß Menschen, die heute mit der Kirche gar nichts mehr anfangen können, sagen: ‹Ja, das ist eigentlich interessant›, und wenigstens so sich uns nähern.» Er war einverstanden, und wir haben dann angefangen, diese Konzeption zu verwirklichen. Das hat gewaltig eingeschlagen. Alle Leute, die als gescheit galten, wie Balthasar, Rahner usw., schrieben darin. Als Karl Stark Superior und ich in Deutschland war, wurden die Apologetischen Blätter (1947) in «Orientierung» umgetauft, wozu Richard Gutzwiller einen Leitartikel schrieb, und erhielten den Untertitel: Katholische Blätter für weltanschauliche Information. Diese «Orientierung» erscheint zweimal monatlich und gehört bis heute zu den führenden katholischen Zeitschriften im deutschen Sprachgebiet. Später, 1954, unter Gutzwiller als Superior, wurde ich deren Chefredakteur; ich machte es mir zum Grundsatz, ein Problem nicht nur darzustellen, sondern auch eine mögliche Lösung vorzulegen. Während des Konzils vertraten mich Ladislaus Boros und Albert Ebneter. Chefredakteur blieb ich bis 1973. Heute bin ich noch Redaktionsmitglied; aber mehr habe ich mit der Herausgeberschaft von «Christ in der Gegenwart» zu tun. Das Apologetische Institut wurde ebenfalls umgetauft, es heißt heute: Institut für weltanschauliche Fragen. Durch die Arbeit an der «Orientierung» ergaben sich natürlich zahlreiche Verbindungen zu Presse, Rundfunk und Fernsehen.

Ausweisung aus der Schweiz

Frage: Sie konnten also trotz «Jesuitengesetz» in der Schweiz bleiben?

Nein. Denn neben der Tätigkeit an den Apologetischen Blättern baute ich eine eigene Vortragstätigkeit auf, und das sollte mir zum Verhängnis werden.
Pater Browe hatte mit Pater Reinert auch in der Schweiz ein Rednerteam ins Leben gerufen, das sich zum Beispiel mit dem Verhältnis zwischen Christen und Juden befaßte. Dieses Team bestand aber nicht mehr. Als ich dann kam, meinte man: «Du hast das doch in Deutschland gemacht, du solltest das hier auch wieder anfangen.» Darum begann ich, eine Route aufzubauen. Ungefähr 15 Orte bekam ich zusammen und habe diese monatlich der Reihe nach besucht. Allerdings habe ich nicht nur den Rosenberg behandelt, sondern überhaupt weltanschauliche Fragen, beispielsweise Fragen der Sexualmoral. Dazu gab es ja in der Schweiz bereits Publikationen von eben diesem Browe. Der hatte nämlich umfangreiche Studien zur Sexualmoral im Mittelalter gemacht, über die Kastrierung der Sängerknaben usw., und hatte das

in kleinen Bänden herausgebracht. Die enthielten tolle Geschichten; alles war aber sehr exakt gearbeitet. Wir sagten immer dazu: «Mit dem Mistkübel durch die Kirchengeschichte.» Er war Moralprofessor im Seminar einer Missionsgesellschaft in Schönegg. Bei uns hieß er nur «Der Ehrengottlose».

Später, als ich in Offenburg war, bekam er einen Schlaganfall und lag in Baden-Baden im Spital. Ich habe ihn mindestens einmal im Monat dort besucht. Mit ihm konnte ich alles besprechen und habe dabei viel gelernt. Er hat mich regelrecht geführt, auch was das Beten anbelangt usw. *Unter* vier Stunden kam ich nicht weg von Baden-Baden. Browe hatte jede Menge Zigarren auf Lager. Er selbst rauchte nicht mehr, aber mich ließ er rauchen, soviel ich wollte. Er sagte nur: «Ich sehe es ja kommen, daß du das nicht mehr kannst. Aber ich lasse dir die Zügel frei. Du wirst sie schon selber anziehen.» Er war großartig, und ich habe großes Vertrauen zu ihm gehabt. Peter Browe war der einzige Mensch, der mich erziehen konnte.

Zurück zur Redetätigkeit. Auch diesmal hatte ich guten Erfolg. Und damit nahte der Konflikt mit dem Gesetz. Denn es kamen auch immer mehr Protestanten in die Vorträge. Schließlich wurden die Säle zu klein. Infolgedessen mußte man die Kirchen benutzen. Doch nach dem Verfassungsartikel, der allgemein «Jesuitengesetz» genannt wurde, war das verboten. Den Jesuiten war jede Tätigkeit in Kirche und Schule untersagt. Da haben wir, die Veranstalter, uns auf den Standpunkt gestellt: Dies ist ein an sich weltlicher Vortrag, den man aber nirgends halten kann, weil kein Raum da ist. Also muß man diesen weltlichen Vortrag in der Kirche halten. Aber die Gegner sagten: Das sind verbotene Vorträge. Und in Bern häuften sich die Anzeigen.

Im Kanton St. Gallen beispielsweise habe ich in Bruggen geredet, einem Ort in der Nähe der Stadt St. Gallen. Da fuhr eine Tram hinaus. Aber wenn ich redete, dann fuhren drei Trams statt einer, und das stand in der Zeitung. Das war für damals schon ein Aufwand: jeden Monat an einem Sonntag drei Trams! Und das hat die evangelischen Pfarrer geärgert. Denn ihre eigenen Leute warfen ihnen vor: «Warum könnt *ihr* so etwas nicht machen? Ihr seid ja gar nicht imstande dazu!» Und dann haben sie sich nach Bern gewandt. Ich bin allerdings überzeugt, daß auch Katholiken mich angezeigt haben. Es gab nämlich welche, die behaupteten, ich würde ketzerische Dinge sagen, was jedoch Unsinn war. Auch viele katholische Pfarrer haben Angst bekommen und behauptet, sie hätten gar nicht gewußt, daß ich Jesuit sei – das haben sie natürlich alle gewußt.

Wie dem auch gewesen sein mag, mein Aktenstoß in Bern wuchs und wuchs. Schließlich bestellte mich der zuständige Bundesrat und erklärte mir: «Das kann man ja schon mal wegschieben. Aber Ihre Akten, die vermehren sich jedes Jahr von neuem und werden immer höher! Dieses Problem kann nur gelöst werden, indem Sie die Schweiz verlassen. Wenn Sie das nicht freiwillig tun, muß es zwangsweise geschehen.» Das war also noch kein offizielles Ausweisungsdekret, aber eine dringende Empfehlung. Offiziell bekam ich jedoch Predigtverbot.

Aber wo sollte ich hingehen? Österreich war inzwischen an das «Großdeutsche Reich» angeschlossen. Frankreich war von den Deutschen besetzt. Blieb also nur Italien. Da hätte ich sogar illegal hinkönnen. Ich hatte nämlich Erich Kästner über die Grenze nach Italien geholfen. Dafür war er mir sehr dankbar, aber auch die Sozialdemokraten. Als ich jetzt in der Klemme saß, hat der Chef der Sozialisten mir einen kompletten Paß mit meinem Bild besorgt: «Der ist von einem, der gestorben ist. Das kommt aber erst in einigen Monaten heraus. Sie können mit dem Paß seelenruhig nach Italien einreisen, Sie sind dann der Herr soundso.» Das habe ich aber nicht angenommen, allein schon weil ich auch in Italien bereits bekannt war.

Das war so gekommen: In Zürich hatte ich öfters im Pfarrsaal von Peter und Paul geredet. Ich habe auch über die Nazis gesprochen und dabei gesagt: «Der

Mussolini ist der gleiche Gauner wie der Hitler!» usw. Dort hörten aber auch Italiener zu. Und die meldeten mich sofort dem italienischen Konsulat in der Meinung, ich sei Italiener, wegen des Namens Mario Galli. Als ich dann das Ausweisungsbegehren erhielt, habe ich sofort den Padre Tacchi Venturi, der gute Beziehungen zu Mussolini hatte, gebeten, mir doch ein Einreisevisum bei Mussolini zu erwirken. Und das klappte. Er schickte das Visum an das Konsulat in Zürich, damit es mir übergeben werde. Aber der Konsul ließ mich kommen und sagte: «Sie haben da ein Visum beantragt. Ich kann Ihnen nur mitteilen: Das ist abgeschlagen worden.» In Wirklichkeit hatte er dem Mussolini gemeldet, dieser Galli sei ein wüster Antifaschist, worauf die Genehmigung natürlich rückgängig gemacht wurde.

Als ich das der Schweizer Polizei erzählte, bei der ich mich regelmäßig melden mußte, hat die mir das mitnichten geglaubt und gemeint: «So eine Geschichte kann jeder erzählen.» Ich sagte daraufhin: «Entschuldigen Sie, meine Herren, das Experiment können Sie ja selber machen. Sie müssen dazu den Konsul nur betrunken machen. Das kostet Sie drei Flaschen Wein.» – «Meinen Sie?» – «Ja, ich habe das auch mal probiert mit einem italienischen Konsul.» Es vergingen vierzehn Tage, da rief mich die Polizei an und meldete: «Sie haben recht gehabt. Es war genau so, wie Sie gesagt haben. Die Flaschen Wein haben wir gerne bezahlt.»

Ich konnte also nirgends hin. Aufgrund dieser Situation erhielt ich gewissermaßen in der Schweiz Asyl, hatte mich aber weiterhin jede Woche bei der Polizei zu melden.

Nach dem Zusammenbruch des Dritten Reiches mußte ich dann die Schweiz doch verlassen. Ich bekam einen Paß ausgestellt, fuhr aber zunächst zu meinem Bruder nach Feldkirch in Österreich. Der hatte in der Stella Matutina das Amt des «Ministers» inne und unter anderem die Landwirtschaft zu betreuen. Als solcher – und das machte dem Wort *minister,* was ja Diener heißt, Ehre – fuhr er auch selber Mist aufs Land, obwohl er das gar nicht mußte. Die Schweizer konnten das nicht verstehen und meinten: «Hör mal, dein Bruder, der sitzt auf dem Bock und fährt jeden Tag Mist aufs Land!» Da habe ich geantwortet: «Erstens nicht jeden Tag und zweitens: Was ist denn dabei?» – «Das kann man als Pater der Gesellschaft Jesu doch nicht tun!» sagten die dann.

Als die Deutschen übrigens nach Österreich einmarschierten, war das eine aufregende Sache. Sie haben nämlich den Pater Muckermann gesucht, überall in der Stella Matutina, denn sie meinten: «Der muß in diesem Haus versteckt sein.» Er war aber nicht versteckt, sondern schon durch – mein Bruder hatte ihn

über die Grenze geschleust. Es war andererseits aber auch eine lustige Sache. Denn die deutschen Soldaten, die die Stella besetzten, waren Protestanten, die keine Ahnung von katholischen Dingen hatten. Als sie in die Sakristei kamen, fanden sie die Alben, diese langen weißen Gewänder für den Gottesdienst. Da haben sie gemeint: «Das sind die Nachthemden der Jesuiten.» Und die haben sie angezogen und wollten auch in den «Nachthemden der Jesuiten» schlafen. Das war vielleicht verrückt!
Mein Bruder hat damals viele politisch Verfolgte versteckt, auch Juden, und sie mit seinem Auto über die Grenze gebracht. Als das nicht mehr ging, hat er im Waldgebiet der Stella Matutina eine Stacheldrahtgrenze nachgebaut und dort mit den Flüchtlingen geübt, bis sie es heraus hatten, wie man durch den Stacheldraht kommt. Dann hat er sie nachts zur richtigen Grenze gebracht – er kannte genau die Kontrollzeiten der Patrouille – und ihnen hinübergeholfen. Nur einmal ging es schief, da wurde ein Ehepaar erwischt und verhaftet. Als der Krieg vorbei war, war er der große Held. Da wollte man ihn sogar zum Bürgermeister machen, was er als Jesuit natürlich nicht angenommen hat.
Ich ging dann nach Deutschland zurück.

«Das Entscheidende ist, daß man sich wehrt»

Frage: Die Nachkriegszeit in Deutschland war eine schwierige Zeit. Wie haben Sie das erlebt?

1946 wurde ich nach Stuttgart versetzt, um die unter den Nazis abgebrochene Redetätigkeit wiederaufzunehmen und unseren früheren Zuhörern Lebensmut zuzusprechen. Vier Prediger sollten wir sein. Aber keiner kam, ich blieb allein. Da habe ich es halt im Alleingang versucht. Über Ulm und Ravensburg bis nach Konstanz baute ich meine Tournee aus mit dem Ziel, an jedem Ort einmal im Monat zu sprechen.
Aber das war alleine nicht zu schaffen, besonders unter den Umständen, wie man damals reisen mußte. Viele Orte waren mit der Bahn nicht zu erreichen. Man mußte als Anhalter auf die Straße gehen und warten, bis ein Ami, also ein amerikanischer Wagen, vorbeikam. Andere Autos fuhren ja nicht. Meistens waren es Militärlastwagen, die anhielten. Und dann mußte man hinten aufspringen. Im Winter war das eine eiskalte Angelegenheit. Dann mußte man eine Plane suchen, darunterkriechen und warten, ob man beispielsweise in Schramberg ankam: das ging im-

merhin drei Stunden lang. Dort kroch ich total erfroren heraus und rannte ins Pfarrhaus. Einmal hat die Pfarrköchin gesagt: «Wie ein Schwein schaut der Pater aus!» Und ich: «Gehen Sie mal drei Stunden unter diese Plane: ob Sie da nicht aussehen wie ein Schwein, Verehrteste! In meiner Heiligenbiografie, wenn ich eine kriegen sollte, werden das *Juwelen* sein!» Da berichtete sie dem Pfarrer: «Pater Mario sagt, sein Dreck, das seien Juwelen!» Das war schon lustig. So bin ich von einem Ort zum anderen gekommen. Aber alle wollten, daß ich jeden Monat wieder da sei. Und das war schließlich nicht mehr lustig.

Eine weitere Schwierigkeit war, daß man kaum an Informationen kam. Darum bin ich jede Woche mit einem Leiterwagen – sonst hatte man ja nichts – zum Bahnhof hinausgefahren. Und da habe ich immer einen ganzen Kiosk gekauft. «Geben Sie mir alles», bedeutete ich dem Verkäufer. «Wie bitte?» – «Alles! Von *allem* ein Exemplar! Werfen Sie's in den Leiterwagen! Ich muß doch wissen, was jetzt in Deutschland publiziert wird.» Dann habe ich den Leiterwagen zur Jesuitenniederlassung gezogen, dort das Ganze auf dem Boden ausgebreitet und sortiert. So stieß ich auf die «Dokumente». Beim Durchlesen dachte ich: Das muß offenbar katholisch sein. Die verteidigen den Papst usw. Und gleichzeitig ist das, was sie schreiben, oft hanebüchen: Das ist ja genau das Gegenteil von dem, was wir glauben! Wer macht denn dieses Blatt? Im Impressum fand ich eine anonyme Gesellschaft und einen französischen Pfarrer. Es kam in Offenburg heraus. Ich hatte den Eindruck: Die müssen einen Übersetzer haben, der einfach nicht funktioniert!

Auf meiner nächsten Reise habe ich darum in Offenburg haltgemacht und gefragt: «Wo ist hier die Aumônerie?» Und dann bin ich dorthin gegangen. Da war eine Bibliothek, in die habe ich mich gesetzt, und wenn einer vorbeikam, sagte ich: «Ich muß mit dem Chef reden.» Der Aumônier hieß du Rivau. Er kam schließlich, und ich teilte ihm mit: «Also, ich muß Sie unbedingt sprechen. Sie geben da nämlich so ein komisches Blättchen heraus. Das ist ausgezeichnet und hat sehr interessante Themen. Aber das Unglück will es, daß es miserabel übersetzt ist, so daß oft sogar das Gegenteil von dem herauskommt, was Sie eigentlich sagen wollen.» – «Oh, mon Dieu, mon Dieu!» Er konnte kein Wort Deutsch. «Oh, c'est terrible, çela!» – «Ja, eben.» Darauf bot ich ihm meine Mitarbeit an.

Du Rivau war ein tüchtiger Mann. Er flog nach Berlin, um Alfons Erb zu gewinnen. Der hatte das Petrusblatt redigiert, bis die Nazis ihn hinausschmissen. Jetzt saß er brotlos da. Den überredete er: «Mon cher, kommen Sie sofort mit mir. Frau und Kinder holen wir später.» Und er flog mit ihm nach Offenburg. Ich hatte inzwischen eine Wohnung beschafft. So hat Erb angefangen, unser Blättchen zu redigieren. Und damit sind wir berühmt geworden. Denn du Rivau war der einzige in Deutschland, der Papier bekam. Wir hatten eine große Auflage: hunderttausend. Den Teilhard de Chardin, die Europa-Ideen und vieles andere haben wir verbreitet. Die Deutschen hatten das ja alles nicht, die wußten von all dem nichts. Auch später habe ich die «Dokumente» noch kräftig unterstützt.

Ich bin dann nach Offenburg umgesiedelt. Mein Provinzial, Pater Fix Müller, war natürlich wütend, daß ich meine Arbeit in Stuttgart aufgegeben und meinen Wohnort gewechselt hatte, alles ohne seine Erlaubnis. Aber ich habe ihm entgegengehalten: «Unsere Abmachung damals, daß wir zu viert die Vortragsreisen übernehmen sollten, das ist ein Vertrag. Sie haben ihn nicht gehalten, trotz meiner Reklamationen. Also bin *ich* auch nicht mehr verpflichtet, ihn zu halten. Denn Sie haben mir eine Aufgabe übertragen, die undurchführbar ist. Und ich bin am Ende meiner Kräfte. Dagegen ist hier eine notwendige Tätigkeit zu leisten. Und außerdem ist der Aumônier du Rivau ebenfalls Jesuit. – Mit der alten Ordnung kommt man heute nicht mehr durch. Die Ordnung in unserer Situation ist die ‹Unordnung›. Das Entscheidende ist, daß man sich wehrt und daß man sich nicht hinsetzt und sagt: Es geht ja eh nichts. Das ist das einzige Gebot, das wir Jesuiten jetzt noch haben. Alles übrige ist ja zusammengebrochen. Da muß auch ein Provinzial gefügig sein und von seinen Untergebenen lernen.»

Deutsch-französische Freundschaft

Frage: War damit Ihre erste Aufgabe beendet?

Nicht ganz. Denn ich führte die angefangene Vortragstätigkeit nebenbei noch weiter, soweit ich das konnte. Aber diese ordensinterne Auseinandersetzung war damit beigelegt. Der Provinzial hat nur verlangt, ich müsse in einem «geistlichen Haus» wohnen, ordensmäßig würde ich Karlsruhe angegliedert. Ich ging also zum deutschen Pfarrer und sagte: «Sehen Sie, was für ein toller Orden wir sind: Ich muß in einem geistlichen Hause sein. Also muß ich bei Ihnen wohnen. Es gibt ja nichts anderes hier. Sie sind das ‹geistliche Haus›!» Das war ein sehr konservativer Pfarrer. Darum meinte er: «Ja, ja... Ich will aber erst mal hören, wie Sie predigen.» Das tat er und meinte daraufhin: «Nun, Sie begeistern die Leute. Aber ich bin keineswegs mit dem, was Sie sagen, einverstanden, keineswegs! Das sind zum Teil Häresien, die Sie da verzapfen!» Und ich: «Das ist eine andere Frage, das wollen wir dann mit dem Bischof ausmachen.» – «Ja, der Bischof! Der Bischof ist auch nicht mehr auf der richtigen Linie!» – «Darum geht es jetzt nicht. Aber ich wohne bei Ihnen, im obersten Stock.» – «Gut, da kriegen Sie eine Kammer. Doch um 9 Uhr müssen Sie jeden Abend hier sein!» Da mußte ich einwenden: «Das kann ich nicht. Drüben im Centre allemand-français fängt ja um 9 Uhr der Betrieb erst an. Da beginnen sie zu tanzen. Und da muß ich dabeisein, sonst gibt es nämlich Krach. Der französische Aumônier, der hat Riesenfüße, und wenn er tanzen möchte und niemand will mitmachen, dann nimmt er einen Stuhl und haut den vor lauter Wut in Stücke. Sehen Sie, da muß ich dann doch dasein und muß Frieden stiften. Das geht doch gar nicht anders!» – «So, Sie wollen Frieden stiften?» – «Ja, das tut ja sonst niemand. Das sind wilde Kerle. Mindestens drei von denen sind Kommunisten. Aber praktisch sind das Idealisten. Mit denen muß man also reden. *Sie* können ja niemanden hinschicken.» – «Also gut», meinte er, «wenn Sie dort Frieden stiften, dann ernenne ich Sie zum geistlichen Mann des Centre.»

In dieses deutsch-französische Zentrum kamen auch viele französische Kommunisten, um dort zu übernachten. Die fragte der Pfarrer einmal: «Was macht ihr hier?» – «Wir gehen zu unseren Brüdern nach Berlin.» – «Wer sind eure Brüder?» – «Das sind die Kommunisten.» – «So? Das sind aber doch die euch verhaßten Deutschen!» Da haben die geantwortet: «Das ist ja lächerlich, das mit den Deutschen und den

Franzosen. Heute geht es um die großen Ideen. *Das* sind Kommunisten, und *wir* sind Kommunisten. Und dann ist es uns gleich, wer das ist.»
Im Gegensatz zu diesem Pfarrer war es dem Militärgeistlichen du Rivau ein Anliegen, mit den Kommunisten wie auch mit den Deutschen zusammenzuarbeiten. Er betonte immer wieder: «Sollten wir Christen nicht fähig sein, eine brüderliche Gemeinschaft, wie die Kommunisten sie haben, zustande zu bringen?» Und auch ich habe das gepredigt, von allen Kanzeln herunter. Da sagten die Deutschen: «Die gehen aber schnell voran, die gehen schnell!» Und so haben wir die deutsch-französische Freundschaft vorbereitet. Ein alter Kommunist, er hieß Duplex und hatte auf Lehrer studiert, der war der eifrigste und erklärte immer wieder: «Wir machen eine christlich-kommunistische Gemeinschaft.» Ich war ziemlich eingenommen von dieser Idee. Die Kommunisten waren ja, neben den Juden, die Hauptgegner der Nazis gewesen. Darum war meine Antwort: «Wenn du das hinkriegst, dann machen wir das miteinander.» – «Ja», hat er gesagt, «du und ich. Du machst die geistliche Seite, ich mache das übrige.»
Du Rivau war als Aumônier Hauptmann. Und er war sehr mutig. Wenn die Franzosen sich unanständig gegen die Deutschen benahmen, was sie ja auch schon mal taten, dann griff er sofort ein. Er erschien auf der

Stelle und hat oft den betreffenden Franzosen, selbst wenn er Offizier war, vor allen Leuten geohrfeigt und gesagt: «Wie benehmen Sie sich? Sie sind eine Schande für Frankreich! C'est un scandale! Je parlerai avec le général König.» Der General König war ein sehr anständiger Mann, und du Rivau war sein Freund.

Ein besonders harter Vorfall war folgender: Du Rivau hatte einen schwarzen Burschen, einen richtigen Mohammedaner. Der war herrlich. Aber er hatte natürlich unsere revolutionären Ideen im Kopf. Da sagte er eines Tages: «Es gibt Menschenrechte. Aber im Offizierskasino, da darf ich als Schwarzer nicht essen.» Wir pflichteten bei: «Jawohl, das ist Rassenschande, das geht nicht. Du gehst also einfach hin.» Und er ging hin. Aber die französischen Offiziere haben ihm die Zähne eingeschlagen. Wir waren wütend, und schließlich haben wir gesagt: «Dem haben sie die Zähne eingeschlagen. Und wir werden wenigstens sämtliche Fenster im untersten Stock der Kaserne einschlagen.» Das haben wir gut organisiert, und in *einer* Nacht waren alle Fenster zertrümmert. Die fragten sich natürlich, was los sei. Wir schickten du Rivau hin, und der teilte ihnen mit: «Das haben meine Leute gemacht. Und sie haben recht gehabt. Sie haben die französische Ehre *gerettet!*»

Wenn du Rivau auch nächtelang getanzt hat, das war Nebensache. Ich habe erklärt: «Kinder, das spielt keine Rolle. Der Mann muß auch leben. Das müßt ihr verstehen. Aber er hat ein Ziel, das ein wirkliches Ziel ist, wofür man leben kann.» Ja, ich war sein Aumônier spirituel. Er hat nichts getan, ohne es mir zu sagen.

Einmal, da hat ihn der Hafer gestochen. Das war an Ostern, er schlug vor: «Jetzt gehen wir alle zusammen nach Luxemburg.» Ich habe eingewendet: «Ich habe ja keine Papiere.» – «Überlaß das nur mir.» Dann hat er mir einen langen schwarzen Talar angezogen, hat mir eine Kette mit einem Kreuz umgehängt, und einen Ring bekam ich auch. Er sagte zu mir: «Du bist jetzt ein Bischof. Du kannst ja nicht sehr gut Französisch, aber das macht auch nichts, du mußt kein Wort reden. Aber wenn sie hereinschauen, mußt du sofort den Segen geben.» Dann kamen wir an die Grenze, ganz in der Frühe. Der französische Zöllner kam heraus und hat große Töne geredet. Und du Rivau – er war ja unerschöpflich –, der schrie ihn an: «So, du bist zu früh aufgestanden! Hast du denn nicht gemerkt, daß du die Hose verkehrt herum an hast?» – «Das ist doch gar nicht wahr!» – «Aber doch, du bist also noch so besoffen, daß du das gar nicht merkst!» Und dann rief er den anderen zu: «Ist das wahr, daß der die Hose verkehrt herum anhat?» – «Jawohl», haben alle lachend gesagt, «das stimmt.» Der kam aber trotzdem und schaute zum Auto her-

ein. Da saß ich, feierlich, wie eine Statue. Und als er hereinschaute, gab ich ihm den Segen, ganz gnädig. Da erschrak der zu Tode und rief: «Ah, er hat mir den Segen gegeben! Allez, allez, allez!»
Beinahe wäre ich aber doch noch verhaftet worden. Wir kamen zum Palais von Luxemburg. Da war die Schildwache, so eine blödsinnige: Drei Schritte vor: eins, zwei, drei. Dann drehen: eins, zwei, drei. Dann drei Schritte zurück: eins, zwei, drei. Dann wieder kehren: eins, zwei, drei. So marschierten die, zwei junge Kerle. Da habe ich zu du Rivau gesagt: «Ich will die fragen, ob sie sinnvoll finden, was sie da machen.» – «Mais non! Dann wirst du verhaftet! Mit der Schildwache darf man nicht reden!» – «Aber ich will mit ihnen reden», sagte ich und ging auf sie los. Es gab ein Geschrei, weil die Leute meinten, es greife jemand die Schildwache an. Man zog mich fort, und ich habe gelacht, gelacht und gesagt: «Etwas so Lächerliches habe ich noch nie gesehen. Stundenlang müssen die das machen. Wenn das nicht eine Trottelanstalt ist, dann möchte ich wissen, was eine Trottelanstalt ist!»
Dann hat man mich dem Pfarrer vom Dom vorgestellt. Und der hat gemeint: «Der Galli wird die Predigt halten.» Daraufhin habe ich die Predigt gehalten, ganz nach meinem Herzen. Ich habe gefragt: «Wie kommt die Fürstin von Luxemburg dazu, vom

Papst eine goldene Rose zu bekommen? Die haben doch nur die großen Könige erhalten. Aber dieses kleine, winzige Luxemburg, wieso bekommt das die goldene Rose? Da seht ihr: Der Papst ist in Verlegenheit, er findet niemanden mehr, dem er die goldene Rose schenken kann. Trotzdem ist das eine große Ehre für uns, die goldene Rose für Luxemburg...» usw. Die Fürstin hat alles verstanden und hat mir nachher eine blecherne Rose zugeschickt, ja, eine Rose aus Blech!

«Pauvre Mario, c'est fini!»

Frage: Wie lange konnten Sie mit du Rivau zusammenarbeiten?

Nicht lange. Denn plötzlich wurde ich ernsthaft krank. Neben all dem anderen auch noch die Rundreisen weiterzumachen, war einfach zu viel. Eines Morgens hatte ich, wie es schien, eine Lungenentzündung. Man brachte mich ins Spital. Dort wurde ich in eine Besenkammer gelegt, weil alles besetzt war. Das werde ich nie vergessen! Man hat mir Hemd und Hose ausgezogen. Ich saß nackt auf einem Tisch, und die ließen mich da sitzen. Stundenlang, kam es mir vor! Schließlich kam der Arzt herein und sagte: «Ach, Sie sind der Mann mit der Lungenentzündung. – Ja, ja, ich werde dann schon noch kommen, aber zuerst müssen die andern behandelt werden.» Ich habe mich gefragt: «Mensch, ob ich das wohl aushalte, so lange Zeit nackt auf dem Tisch zu sitzen?» Es war mir nämlich ziemlich kalt. Endlich kam er. Und dann hat er mich untersucht und gesagt: «Sie haben da was am Rücken, ich weiß nicht genau, was. Da sind so eigenartige Punkte, und außerdem ist Wasser im Rippenfell... Nach allem, was ich sehe, fürchte ich, Sie werden sterben.» Er war Protestant, ein netter Kerl. Ich fragte: «Ist das ein ärztlicher Befund?» – «Ja, Sie müssen damit rechnen, daß es ans Sterben geht.» Dabei war ich erst 45 Jahre alt!

Du Rivau hat mich dann besucht. Als er hinausging, sagte er leise – ich sollte es nicht hören, hörte es aber doch: «Pauvre Mario, c'est fini!» Er hatte mich also auch aufgegeben. Aber die Kommunisten haben nicht aufgegeben. Da kam der Monsieur Duplex, der katholische Kommunist, und der hat mich aufgerichtet: «Weißt du, Mario, du darfst nicht sterben, auf keinen Fall darfst du sterben! Wir müssen doch die christlich-kommunistische Gemeinschaft einführen. Deshalb mußt du gesund werden!» Schließlich kam der Superior von Karlsruhe – zum dortigen Ordenshaus gehörte ich ja – und forderte mich auf: «Packen Sie Ihre Sachen. Ich lege Sie hinten ins Auto, fahre Sie nach Karlsruhe und bringe Sie dort ins Krankenhaus.» Dann kam nochmals der Arzt und gab mir ein Schriftstück über meine Krankheit, und immer noch meinte er: «Sie sind verloren, aber ich wünsche Ihnen alles Gute!» Da stampfte ich mit dem Fuß auf den Boden – das weiß ich noch gut – und sagte: «Sie elender Halunke, jetzt werde ich gesund; jetzt weiß ich's: Nur Ihretwegen werde ich gesund!» – Und dann sind wir abgefahren.

In Karlsruhe kam ich gleich ins Sterbezimmer, weil ja alle der Überzeugung waren: Der stirbt jetzt. Das war eine Kammer ohne Fenster. Man ließ mich flach auf einer Bahre liegen, gab mir kein Essen und nichts. Ich lag einfach da! Allmählich habe ich keine Luft mehr bekommen. Da sagte ich zur Schwester: «Hört mal, also...» – «Ja, Sie sterben jetzt eh. Seien Sie doch ruhig und ergeben Sie sich in Gottes Willen!» – «Gar nicht. Ich habe nicht die Absicht zu sterben. Ihr könnt mir etwas geben, daß ich höher liege, damit ich nicht so schnaufen muß.» – «Ja, Pater, wenn das eine Linderung ist. Aber Sie sterben *doch!*» – «Ja, warum habe ich denn kein Bett?» – «Es ist kein anderes Zimmer mehr da. Sie müssen in dieser Kammer liegen. Da tun wir sonst die Leichen hin.» – «Und da bin ich drin?» – «Ja, da sind Sie drin.»

Schließlich bekam ich dann doch ein Zimmer. Man zog das Wasser aus dem Rippenfell, untersuchte weiter, wußte aber auch keinen Rat. Der junge Assistenzarzt vermutete sogar Krebs. Und dann kam eine Penizillinkur. Denn der gute Pater Stark, der Getreue, hatte von Zürich aus Penicillin nach Karlsruhe geschmuggelt. Das kannten die nicht. Sie lasen die ganzen Informationen und meinten: «Das ist ja toll! Also werden wir ihn jetzt mit Penicillin behandeln.» Sie beschlossen, daß ich jetzt jede Stunde eine Spritze bekommen sollte. Der Chefarzt, der sagte gar nichts außer: «Nun ja, probieren wir's halt.» Aber der Oberarzt, der ging ran und ordnete an: «Jede Stunde eine Spritze, Tag und Nacht, *Tag und Nacht!*» Ich dachte: So ein Trottel! Entweder ich sterbe jetzt halt sehr schnell: *eine* Lösung. Oder das wird helfen. Dann kann er mit seinem «Tag und Nacht!» aufhören.

Nun, ich wurde wieder gesund. Das Wichtigste dabei war aber für mich der alte Chefarzt. Wenn er mit seinem Stab von Ärzten kam und diese feststellten, da seien ganz deutlich Punkte usw., dann sagte er kein Wort. Wenn sie dann alle fort waren, kam er zurück. Und dann äußerte er zum Beispiel: «Ich bin ja ein alter Arzt, sollte eigentlich schon zurückgetreten sein. Ich war ein guter Arzt, aber die neuen Sachen – das kenne ich nicht mehr. Ich sage Ihnen nur eins: Ich habe meine zuverlässigen Anzeichen. Und wenn einer so frißt wie Sie, dann stirbt er nicht! Essen Sie also weiter, ich gebe extra Anweisung, daß man Ihnen genügend zu essen gibt.» Das habe ich befolgt und gegessen, was ich konnte, und habe immer darauf gepocht: «Anordnung vom Chefarzt!» So kam ich langsam außer Lebensgefahr.

Dann lag ich in der Residenz des Ordens. Ich hatte einen guten Freund in der Schweiz, den Pfarrer Blum aus Vitznau. Der kam eines Tages mit einem tollen Schweizer Wagen nach Karlsruhe gefahren und sagte: «Steh auf, ich pack' dich ein. Ich pfleg' dich gesund.»

– «Aber ich bin doch ausgewiesen!» – «Laß das nur meine Sorge sein.» Und er fuhr mich an einer «schwarzen Stelle» über die Grenze. Zwei Jahre lang hat er mich gesundgepflegt!

Sobald ich konnte, habe ich wieder angefangen zu predigen, trotz meinem Predigtverbot. Denn dieses hielt ich nicht für gerechtfertigt. Von Bern aus hat man dann wieder angefragt: «Was treibt der Mario von Galli bei euch?» Und die Liberalen haben geantwortet: «Er tut nichts Illegales. Das ist ein sehr anständiger Mann.» Der Stadtschreiber hat mir immer berichtet: «Was ich für Sie lügen muß! Ich sage immer: Nein, er predigt nicht, er ist ja viel zu krank dazu. Ich lüge unaufhörlich. Und nur Sie sind daran schuld, weil ich Sie mag.» Darauf ich: «Ja, mögen Sie mich nur weiter! Das wird Ihnen dann im Himmel hoch angerechnet.» – «An den Himmel glaube ich nicht, das müssen Sie wissen!» meinte er dann.

Schließlich hatte ich die Kraft, nach Zürich zurückzukehren. Meine Obern hatten Angst, weil ich mich nicht an das Predigtverbot gehalten hatte; sie hätten mir am liebsten ein Tarngesicht gegeben. Ich ging trotzdem durch die Straßen der Stadt. Plötzlich steht ein gewaltiger Polyp vor mir. Das war der Polizist, bei dem ich mich jede Woche hatte melden müssen. Und der sagt: «Na also, liebster Pater, da hätten Sie ja nicht nach Vitznau laufen müssen. Hier hätten wir das auch gemacht innerhalb der Ordnung. So ist es doch auch wieder nicht!»

Und darum habe ich immer gern in der Schweiz gelebt. – Ich wurde nun also geduldet und widmete mich wieder der «Orientierung». 1973 wurde dann endlich das sogenannte Jesuitengesetz aufgehoben.

Das Konzil der Hoffnung

Frage: Am bekanntesten sind Sie durch das Konzil geworden. Das ist Ihnen sicher noch ganz frisch in Erinnerung?

O ja! 1962 begann das Konzil, und ich wurde als Berichterstatter nach Rom geschickt. Das war eine aufregende und herrliche Zeit, geprägt von Zuversicht und Hoffnung. Viele einzigartige Erlebnisse waren damit verbunden.
Wie ich zum Beispiel über den Petersplatz gehe, sehe ich auf einmal den neuernannten Unterstaatssekretär des Konzils, den Erzbischof von Lyon, Villot, dastehen und ganz hilflos dreinschauen. Ich gehe auf ihn zu und frage: «Kann ich Ihnen helfen, Monsieur l'Archevêque?» Er antwortet: «O, c'est terrible! Stellen Sie sich vor: Ich muß in den Vatikan zur Sitzung der Theologischen Kommission. Aber die Schweizergarde läßt mich nicht hinein! Ich habe nämlich meinen Bischofsring vergessen – und wohne doch am anderen Ende der Stadt.» Er war zwar schon ernannt, aber das war noch nicht publiziert, darum wußte die Garde nicht Bescheid. Da sagte ich: «Beruhigen Sie sich, ich

werde Ihnen einen Bischofsring besorgen.» – «Sie? Wer sind Sie denn?» – «Ich bin ein gewöhnlicher Jesuitenpater. Aber Bischofsringe kann ich Ihnen gleich mehrere herbeibringen.» – «So?! Das nimmt mich aber wunder!» – «Ja, ja, warten Sie nur!» Dann ging ich ins Pressebüro. Da treffe ich einen kleinen afrikanischen Bischof, den ich schon vorher kennengelernt hatte. Dem sage ich: «Hören Sie, Sie können ein gutes Werk tun. Geben Sie mir Ihren Bischofsring, nur bis heute abend!» Und der zieht fröhlich seinen Ring vom Finger und meint nur: «Können Sie haben.» Dann bringe ich den Ring dem Erzbischof Villot: «Voilà, hier ist der Bischofsring.» Er probiert ihn und sagt: «Paßt ausgezeichnet.» Ich: «Gehen Sie also, die Schweizergarde läßt Sie jetzt durch.» Er tut das, zeigt den Ring, die Garde salutiert, und er geht hinein. Seitdem begrüßte er mich immer sehr freundlich.

Ein anderer Vorfall: Nach dem Tod von Johannes XXIII. kam Paul VI. nach Santa Maria Maggiore. Das war sein erster Auftritt dort. Und er hat es so ungeschickt angestellt wie nur möglich. Darüber habe ich einen Artikel geschrieben, in dem ich wohlwollend erklärte, daß der Papst sich aus der Sicht der Römer denkbar ungeschickt benommen habe, aber... usw. Diesen Artikel hatte ich bei mir. Als ich dann durch die Gänge des Vatikans gehe, kommt mir ein junger Mann entgegen. Ich spreche ihn an, wie ich das immer tat, frage, wer er sei, und der sagt doch, er sei der päpstliche Strumpfanzieher! «Was ist denn das?» – «Ja, das ist ein altes Amt (Vestiarius). Vor jeder Audienz muß ich dem Papst die Strümpfe anziehen.» – «Und wie heißen Sie?» – «Gallo.» – «Das ist ja lustig! Ich heiße Galli und Sie Gallo: Gall*i*, Gall*o*!» Da mußte er lachen. Dann sagte er: «Hören Sie, der Papst hat mich beim Strumpfanziehen gefragt, ob ich einen Journalisten kenne, der Deutsch schreibe, der heiße Galli. Er habe von dem etwas gelesen, und das habe er interessant gefunden. – Das sind Sie!» – «Ja, das ist schon möglich.» – «Ah, jetzt werde ich dem Papst sagen, daß ich den gefunden habe!» Doch ich: «Nein, nein, langsam, mein Lieber! Ich habe einen Artikel geschrieben, den habe ich noch gar nicht abgeschickt. Den geben Sie beim nächsten Strumpfanziehen dem Papst!» Seitdem habe ich, wenn ich diesen Gallo traf, ihm fast immer einen Artikel mitgegeben. Manche schrieb ich überhaupt nur für den Papst. Und so habe ich einen heißen Draht zum Papst gehabt. Aber später hat Paul VI. dieses Amt mit mehreren ähnlichen Ämtern abgeschafft. Da hatte ich also keinen heißen Draht mehr.

Das Konzil habe ich durch alle vier Sessionen hindurch in Rundfunk und Fernsehen kommentiert. Von da her bin ich noch vielen bekannt. Außerdem publi-

zierte ich das Büchlein «Zeichen unter den Völkern» (Mainz 1962). Mit meinem Freund, dem Fotografen Bernhard Moosbrugger, der heute den Pendo-Verlag leitet, gab ich die vier Bände «Das Konzil. Texte und Bildberichte» (Olten 1963–66) heraus. Der erste Band ging wahnsinnig gut. Bei den anderen dreien konnten wir nicht mehr so sorgfältig arbeiten, weil wir sehr in Druck waren. Wir haben dann auch Konzilsreden hineingenommen, die ich nur aus dem Lateinischen zu übersetzen brauchte. Aber alle vier Bände sind ganz gut abgegangen.
Dann hatten wir den Plan, ein großes Konzilsbuch zu machen, und haben das unserem Verleger vorgeschlagen. Der meinte: «Also gut, wenn das etwas so Großartiges wird, wie ihr meint, dann können wir das ja machen.» Das war vor der letzten Session des Konzils. Aber dann gab es während der letzten Session einige Vorkommnisse, die allgemein verstimmt haben, so daß das Konzil nicht mehr besonders gefragt war. Und unser neues Buch war als Schwerpunkt des Verlags-Programms gedacht. Da schrieb uns der Verleger: «Sie können nicht von mir verlangen, daß ich den Verlag mit diesem Buch ruiniere. Denn das Konzil ist zur Zeit unerwünscht. Ich gebe Ihnen daher die Option zurück.» Dieser Brief erreichte uns in Rom. Moosbrugger saß da und schluchzte. Und ich war so wütend, daß ich mein Wasserglas nahm und es in den

Spiegel warf. Das war noch dümmer. Nach einiger Zeit habe ich dann gesagt: «Also, jetzt ist es genug, mein Lieber. Wir sind ja keine Narren. Wir müssen überlegen, was wir machen. Was machen wir also?» Er: «Das weiß *ich* doch nicht!» Und ich: «Ich weiß es aber ganz genau. Du nimmst das nächste Flugzeug, fliegst in die Schweiz zurück und suchst einen anderen Verlag.» – «Das ist unmöglich!» – «Das ist gar nicht unmöglich. Du suchst den eben! Wir haben ja schon sehr viel daran gearbeitet und fast alles für das Buch beisammen.» Also fuhr Moosbrugger in die Schweiz, und in Luzern hat er den Verlag Bucher gefunden. Der war zwar ziemlich evangelisch orientiert, doch die meinten: «Was ihr da machen wollt, ist eine tolle Sache! Wir wollten ein großes Theaterbuch herausbringen. Das lassen wir jetzt fallen und werden ein Konzilsbuch machen.» Ja, und dieses Buch «Das Konzil und seine Folgen» (Luzern 1966) wurde dann immerhin das meistverkaufte von allen Büchern über das Konzil.

Dieses Konzil war ein Konzil der Hoffnung. Oft saßen wir mit Dom Helder Câmara zusammen. Er hat immer wieder Visionen über das Konzil entwickelt, mit einer unglaublichen Plastizität. Was er da schilderte, das hat man geradezu vor sich gesehen: Die Protestanten kamen mit ihren wichtigsten Leuten an. Und der Katholik verneigte sich vor dem Lutheraner und sagte: «Bisher haben wir uns gehaßt, mein lieber Bruder, das wollen wir von jetzt an anders machen», und dann umarmten sie sich. Dann kam der Papst dazu und sagte: «Nur nicht so schnell! Das ist alles nicht so einfach, wie ihr euch das vorstellt!» Das füllte ganze Abende aus. Bis in die Nacht hinein hat er uns geschildert, wie das Konzil ausgehen müßte. Wir sind dann wirklich erschüttert nach Hause gegangen, so als hätten wir das alles tatsächlich erlebt; so eindrucksvoll hat er das schildern können.

Und tatsächlich, das wäre ein Weg in die Zukunft gewesen. Denn da hätte man sich versöhnt. Da hätte man angefangen, *miteinander* zu arbeiten. Da hätte man der Welt ein Beispiel gegeben, das imponiert und überzeugt hätte.

Die große Enttäuschung

Frage: Hat das Konzil also sein Ziel verfehlt?

So kann man das nicht sagen. Das meiste von unseren Hoffnungen hat sich zwar nicht erfüllt. Dazu muß man aber nüchtern feststellen: Als das Konzil schloß, war ein gewisser, durchaus großartiger Punkt erreicht. Das alles waren aber zunächst Vorsätze. Es durfte jedoch nicht dabei bleiben – denn bekanntlich ist der Weg zur Hölle mit guten Vorsätzen gepflastert –, sondern das mußte weiterentwickelt werden. Daß dies nicht in genügendem Maße geschehen ist, das ist unsere große Enttäuschung. Nachträglich muß ich sagen: Die Euphorie des Konzils war ein Irrtum. Das habe ich manchmal sogar geschrieben. Diese Menge der Bischöfe war, bildlich gesprochen, geistig betrunken. Und das ist natürlich nachträglich abgefallen. Ja, es gab auch während des Konzils schon eine Gegenbewegung. Der spätere Kardinal Felici, der damals Generalsekretär war, betonte mir und auch anderen gegenüber: «Wir werden 18 Jahre brauchen, um diese Verwüstung (die das Konzil angerichtet hat) zu überwinden und die alte Einheit wiederherzustellen!» Das war für diese Leute klar. Für sie hat das Konzil die Einheit zerstört, und die wollten sie wiederherstellen. Es war also vorauszusehen, daß es Rückschläge geben wird. Der bekannte Otto Cullmann hat mir damals in Rom gesagt: «Pater, was verstehen *Sie* von Geschichte? Auf jeden solchen Schlag, wie es dieses Konzil ist, folgt ein Gegenschlag. Das ist ein ehernes Gesetz, und das wird auch hier nicht aufgehoben.» – «Ja, und der Heilige Geist?» meinte ich. «Ach, der Heilige Geist! Das sind ja Gesetze des Heiligen Geistes!» Und dann fing er wütend an, seine Brille zu putzen.

Doch die wesentlichen Punkte behalten weiterhin ihre Gültigkeit. Denn, wie es Karl Rahner immer ausdrückte: Die Pianische Zeit ist vorbei, nämlich die Zeit der Pius-Päpste. Die nächsten Päpste konnten sich unmöglich noch Pius nennen. Da ist etwas passiert, das das Vorangegangene abschloß, und etwas anderes ist dafür geworden. Manches ist viel stärker hervorgetreten – manches hat viele auch stutzig gemacht, so daß sie meinten, das gehe doch zu weit. Es hat Schwierigkeiten gegeben, Gegensätze, eine Vielfalt, die viele erschreckte, weil die Katholische Kirche bis dahin unter der Idee der Einheit gelebt hat. Auf ihre Einheit war die Kirche immer sehr stolz. Im Konzil hat sie zwar die Einheit nicht aufgegeben, aber diese stand nicht mehr so unbedingt im Vordergrund. Man wollte ja aufmachen, die Einheit aber

macht zu in dem Bewußtsein: «Wir sind wie aus einem Guß.» Nach dem Zweiten Vatikanischen Konzil ist die Kirche nicht mehr wie aus einem Guß. Und das finde ich gut.
Insofern war das Konzil also kein Fehlschlag. Sondern es war ein geschichtlich notwendiger Weg. Zum Weitergehen war das das einzig Richtige. Der gute Johannes XXIII. hatte ja eine große Phantasie; es waren spontane Impulse bei ihm, die zum Konzil führten. Aber die waren richtig!
Wenn man nun fragt, was vom Konzil bleiben wird, dann ist die Antwort schwierig. Ich denke immer konkret und muß daher sagen: Das kann man nicht voraussehen. Ich glaube aber, daß die Linie, die das Konzil eingeschlagen hat, nämlich des Sich-grundsätzlich-weiter-Öffnens, bleiben wird; das geht gar nicht anders. Wenn sie nicht bleibt, wird sie sich mit Gewalt durchsetzen. Die Kirche wird eine Weltkirche werden – was sie bisher in Wirklichkeit nicht war –, sie muß über sich hinaus. Und das wird eine sehr schwierige Sache sein, weil sie sich schön mit Wällen umgeben hat. Die römische Kirche ist immer noch eine fest ummauerte Kirche. Das war sinnvoll zu einer Zeit, als man sich verteidigte. Da baute man eine Burg mit vielen Zugbrücken, und ohne Zugbrücken konnte man überhaupt nicht hineinkommen. Das muß weg. Wenn ich es in einem biblischen Bild

sagen soll: Man muß wieder aufs Wasser gehen und in einem Schiff sitzen, das am Untergehen ist, so daß man schreit: «Herr, hilf uns, wir gehen ja unter!» Dieses Gefühl ist viel besser für uns als Kirche. Das hat das Konzil bewirkt, und das muß auch bleiben. Man wird natürlich wieder versuchen, sich einzumauern, und sagen: Es geht nicht anders usw. Dann wird aber Gott schon dafür sorgen, darauf vertraue ich fest, daß diese Bestrebungen durcheinanderkommen! Ja, er hat schon damit angefangen. Denn die Kirche der Dritten Welt läßt sich nicht mehr in die römischen Mauern einzwängen.

Franz von Assisi: Gelebte Zukunft

Frage: Nach dem Konzil schrieben Sie Ihr Franziskusbuch. Haben Sie darin ein Zukunftsbild der Kirche entworfen?

Ja, das kann man sagen. Dieses Buch zu schreiben, war allerdings nicht mein eigener Entschluß, sondern es kam folgendermaßen: Eines Tages besuchten mich zwei Herren vom Bucher-Verlag und eröffneten mir: «Die eine Hand wäscht die andere.» Meine Frage war natürlich: «Was soll das heißen?» – «Nun, wir haben Ihnen einen Gefallen getan, jetzt müssen Sie uns einen Gefallen tun. Wir haben nämlich von einem Amerikaner Bilder über Franz von Assisi bekommen, eine ganze Menge. Das ist ein berühmter Fotograf. Die Bilder sind hervorragend. Aber der Text dazu ist unmöglich. So kann man das nicht veröffentlichen. Wir wünschen also, daß Sie eine Auswahl aus diesen Bildern treffen und ein Buch über Franz von Assisi schreiben. Das ist dann die Gegenleistung dafür, daß wir Ihnen das Konzilbuch gemacht haben.» Da mußte ich zugeben: «Also, dazu kann ich ja schlecht nein sagen. Aber ich werde Zeit brauchen. Denn ich kenne

den Franziskus nicht genügend.» – «Ja, dann lernen Sie ihn eben kennen!» – «Na gut, ich will es versuchen.»
Und dann habe ich es versucht, habe aber viele Jahre dazu gebraucht. Auf meinem Schreibtisch standen nur Bücher über Franz von Assisi. Und ich habe mir Notizen gemacht, massenhaft. Das war eine mühsame Arbeit. Die beiden Herren kamen immer wieder, die waren ekelhaft oder liebenswürdig, wie man will, und verlangten: «So, schildern Sie mal, wie weit Sie sind!» Da habe ich ihnen tolle Geschichten über Franz von Assisi erzählt. Die machten Augen wie Wagenräder und sagten: «Und das alles können Sie beweisen?» – «Na ja, mehr oder weniger. Jedenfalls kann ich darüber berichten.» – «Ja, das ist ja toll!» Und als dann alles beieinander war, fanden sie es eigentlich doch nicht so toll. Denn im Verlag gab es einen sehr kritischen Kollegen, und der meinte: «Nein, dieses Buch kann man heute überhaupt nicht bringen!» Das war sehr unangenehm. Aber dann ist die Verlegerin nach Frankfurt auf die Buchmesse gefahren und hat dort die jungen Leute, die sie erwischen konnte, befragt, was sie heute ärgert und was sie nicht ärgert, was sie ersehnen und was sie nicht ersehnen. Sie kehrte zurück und sagte zum Entsetzen der übrigen: «Das Buch wird verlegt, und zwar so, wie es geschrieben ist. Ich habe alle jungen Leute gefragt und

konnte feststellen: Das Buch antwortet auf ihre Probleme. Das kann ich Euch schwarz auf weiß liefern. Das Buch wird also gemacht. Denn die Verlegerin bin ich!» Das Buch hieß: «Gelebte Zukunft. Franz von Assisi» (Luzern 1970).

Im Grunde ist darin ein Zukunftsbild der Kirche entwickelt. Ich kann es aber verantworten, daß ich das dem Franziskus zuschrieb. Denn ich habe von ihm nur dargestellt, was ich glaubte, wirklich in ihm zu finden. Daß das zugleich meine Ideen waren, das hat mich natürlich beflügelt. Viele hatten ja gemeint: «Du wirst dieses Buch nie schreiben können. Du bist ja kein Franziskaner.» Meine Antwort darauf war schon damals: «Das einzige Mal, daß ich aus der Gesellschaft Jesu wirklich fortgehen wollte, war während des Noviziates, wo ich die fixe Idee hatte, ich solle Kapuziner (ein autonomer Zweig des 1. Ordens des Franz von Assisi) werden. Und unser guter Novizenmeister hat nur gelacht und gemeint: ‹Das hältst du ja keinen Monat aus!›» Das war meine einzige Versuchung, denn mir schien: Wie die Kapuziner leben, das ist doch viel überzeugender. Dieses Stadium habe ich dann aber überwunden.

Doch hat sogar Pater Lippert einmal gesagt: «Der Orden der Zukunft wird ein eher franziskanisches als ein jesuitisches Gesicht haben.» Richtig daran ist sicher, daß dieses hypergeordnete System, was ja der

Zeit des Ignatius entsprach, heute nicht mehr zeitgemäß ist. Man muß auch immer bedenken, daß neben dem Ignatius der Philipp Neri stand und daß Ignatius nichts lieber gewollt hätte, als daß Neri in seinen Orden eingetreten wäre, und ihm das auch gesagt hat. Aber Philipp Neri hat gemeint: «Nein, nein, mein Lieber. Wir sind zwei verschiedene Typen, und wir lassen es auch zwei Typen sein.» Neri war aber ein ziemlich franziskanischer Typ.

«Ich habe mein Leben nie bestimmt»

Frage: Warum haben Sie als Jesuit nicht ein Buch über den Ordensgründer Ignatius geschrieben?

Das hat man mich schon öfters gefragt. Bei mir ist es aber grundsätzlich *so:* Ich mache nur Dinge, zu denen ich mehr oder weniger genötigt werde. Ich habe nie isoliert vom Mitmenschen mein Leben bestimmt. Denn ich sage mir: Was Gott jetzt *konkret* von mir will, das weiß ich nicht. Aber warum hat er denn um mich eine Umwelt geschaffen? Durch all das will er mir doch etwas mitteilen. Und das muß ich dann eben aufnehmen, ob mir das paßt oder nicht paßt. Beim Franziskusbuch habe ich die längste Zeit gemeint: Ich bin hereingefallen. Das kann ich nicht; ich kann mich gar nicht so in den hineindenken. Ja, und dann hat es mich doch allmählich gepackt.

Sein Leben nicht bestimmen bedeutet aber nicht Passivität. Die Begabungen und Neigungen, die man hat, sind ja auch gottgegeben. Als mein Provinzial mir androhte, wenn ich die Tuberkulose nicht überwinden würde, dann müsse ich Spiritual werden, also den ganzen Tag im Zimmer hocken und die Sorgen und Schwierigkeiten der Mitbrüder anhören usw., da war das *die* Schreckvorstellung für mich. Es lag mir ja viel mehr, mit allen möglichen Menschen Kontakt aufzunehmen und vor allem zu predigen und zu reden. Klar, daß darin schon eine Bestimmung lag. Aber in diesem Rahmen habe ich alles angenommen, was man mir aufgetragen hat oder worum man mich bat. So sehr, daß ich mich oft genug übernahm und deshalb auch leicht krank wurde. Gerade die Krankheit hat mir jedoch gezeigt: Du hast zu viel Wirbel gemacht, zu viel Äußeres getan. Du brauchst auch die Besinnung auf dich selbst, Muße, Meditation und Gebet.

Sie fragen mich, was Beten für mich bedeutet. Nun, Beten ist für mich etwas ganz Natürliches, um zu erspüren, was Gott will. Darum habe ich auch das Brevier immer gern gebetet. Nicht stur als Pflichtübung und auf Biegen und Brechen, wie das so mancher getan hat; durch solch eine einseitige Askese bekommt man ja ein ganz falsches Gottesbild. Nein, das Brevier war mir so wertvoll, weil es eine ganze Menge aus der Bibel enthält. Besonders die Psalmen hatten es mir angetan. Die habe ich gründlich studiert, jeden einzelnen, so daß ich genau wußte, aus welcher Situation heraus und in welcher Stimmung dieser Psalm entstanden ist. Die Psalmen geben ja ein sehr vielfältiges Menschenbild wieder. Die Wutausbrüche in den sogenannten Fluchpsalmen zum Beispiel zeigen alles andere als Bravheit und Sanftmut. Darum habe ich mir gesagt: Es ist offenbar gar nicht so falsch, wenn man wütend wird und diesen Zorn auch äußert. Das Wichtigste für mich bei diesen Meditationen war, zu sehen, wie Gott Menschen führt. Wenn man aus diesen Einsichten heraus lebt, dann wird man es im praktischen Leben schon richtig machen. Deshalb habe ich mich mit der großen Tradition der Psalmen so gründlich befaßt, mit viel Mühe und oft bis tief in die Nacht hinein. Auch wenn ich ganz erschöpft war von der Arbeit des Tages, sagte ich mir: Das muß immer geschehen.

Wenn jemand klagt, er sei in einer aussichtslosen Lage und nehme seine Zuflucht zum Gebet, aber auch das helfe nicht – und das über eine lange Zeit –, dann gerate ich etwas in Verlegenheit. Und zwar aus dem einfachen Grund, weil ich nie erwartet habe, daß sich eine Situation durch Beten ändert. Vielmehr war für mich immer klar: Du mußt dich halt anstrengen und gleichzeitig Gott erklären, daß du ihn überhaupt nicht verstehst. Vielleicht will er dir gerade beibringen, daß du ihn nicht verstehen kannst und nicht verstehen wirst. Denn wir möchten ja immer Gott begreifen. Und das ist schlechthin unmöglich. Es geht vielmehr darum, Gott zu vertrauen, *obwohl* man ihn nicht begreift.

Nicht das Erkennen ist das Entscheidende in unserem Leben, sondern unsere Haltung dem Mitmenschen gegenüber. Dazu ein kleines Beispiel, wie ich es vor nicht langer Zeit erlebte. Im Zürcher Hauptbahnhof saß bei 14 Grad Kälte ein zerlumpter Mann auf einer Bank, ohne Zweifel ein Tippelbruder. Der war ganz apathisch. Aber keiner kümmerte sich um ihn. Ich sagte zu ihm: «Setzen Sie sich doch wenigstens in den geheizten Wartesaal!» Nur ein Achselzucken. Ich versuchte, ihm aufzuhelfen. Aber er sackte gleich wieder auf die Bank zurück. Da sprach ich die Passanten an, nicht die, die in den Zug einstiegen, die waren ja in Zeitdruck, sondern die, die gerade ausstiegen. Zwanzig, dreißig Leute habe ich vergeblich angesprochen, um dem Mann zu helfen. Alle gingen vorbei. Da packte mich eine Mordswut. Ich halte einen vornehm gekleideten Herrn an, schildere ihm kurz die Situation und sage: «Was ist das für ein Benehmen, einen Menschen hier in der eisigen Kälte erfrieren zu lassen?!» Er: «Da gibt es doch die Bahnhofshilfe.» – «Ja, ja, aber ich weiß nicht, wo die ist. Seien Sie doch so gut und geben Sie der Bahnhofshilfe Bescheid.» Er war sehr betroffen, weil ihm jetzt erst klar wurde, was hier vorging. Und er holte die zuständigen Leute. Wenn sich keiner um diesen Mann gekümmert hätte, er wäre mitten im Gewimmel von Menschen erfroren! Der Mitmensch muß also unser Leben bestimmen.

Barmherzigkeit, nicht Gerechtigkeit!

Frage: Ist es daher nicht die Aufgabe der Kirche, für mehr Gerechtigkeit in der Welt zu kämpfen?

«Gerechtigkeit»? Was ist denn Gerechtigkeit, christlich gesehen? Gerechtigkeit ist bei Gott letzten Endes Barmherzigkeit. Das ist sogar schon im Alten Testament so! Eine andere Gerechtigkeit gibt es bei Gott nicht. Bei ihm ist Gerechtigkeit Erbarmen: Anders geht es auch gar nicht, sonst sind wir nämlich alle Pleite! Wenn Gott mit uns nach Gerechtigkeit verfahren will, bloß nach Gerechtigkeit, dann fahren wir alle in den Abgrund. Darum überkommt mich bei diesem Wort als Programmpunkt immer ein gewisses Grausen. In der Heiligen Schrift ist eindeutig Gottes Gerechtigkeit Gottes Barmherzigkeit. Warum müssen wir das denn «Gerechtigkeit» nennen? Besonders wenn man weiß, was zwischen den Völkern passiert. Schauen wir doch nur beispielsweise nach Beirut. Jeder meint dort, er kämpfe für Gerechtigkeit, und man bringt niemanden dazu, sich irgendwie zu einigen und miteinander zu gehen. Aber wenn man ihnen klarmachen könnte: «Lernt einmal, was das ist: vergeben; lernt einmal, was das ist, einfach zu sagen: Mir kommt es gar nicht darauf an, wer recht hat, sondern daß wir uns vertragen», dann wäre alles in Ordnung. Wenn sie aber alle nur «Gerechtigkeit» wollen, dann hat man eben das Chaos.

Das heißt natürlich auch, auf seine eigenen Rechte verzichten können. Das habe ich schon oft tun müssen. Einmal beispielsweise, nach einer harten Auseinandersetzung mit dem Provinzial, war ich so wütend, daß ich auf und davon bin. Fast um den ganzen See herum bin ich gewandert, um mich wieder zu beruhigen. Die Mitbrüder merkten: Jetzt ist er abgehauen vor lauter Wut. Als ich wiederkam, habe ich ihnen gesagt: «Ich mußte an die frische Luft gehen. Aber ich werde jetzt nicht mehr protestieren, er kann alles mit mir machen, ich schlucke alles.» Wenn ich auf Gerechtigkeit gepocht hätte, mein Gott!

Es kann aber auch bedeuten, daß man, wenn es gar nicht anders geht, zu illegalen Mitteln greift. Zum Beispiel gab es sehr viele Leute in Stuttgart, die keine Papiere hatten, weil sie als Flüchtlinge aus dem Osten gekommen waren. Da habe ich zuerst einmal bei den Behörden angefragt, ob man da nicht etwas machen könne, und habe erkennen müssen: Nein; vielmehr geht das womöglich jahrelang. Ich habe überall gefragt, überall, und habe betont: «Da müßte doch etwas geschehen.» – «Ja», hat man gesagt, «natürlich müßte etwas geschehen.» – «Und können Sie etwas tun?» Da hieß es überall: «Nein!» Daraufhin habe ich beschlossen, selbst etwas zu tun, und den Leuten gesagt: «Also hört mal, die Sache ist furchtbar einfach. Wir *machen* eben Papiere.» Dann habe ich mir die nötigen Unterlagen besorgt und habe Papiere gemacht. Das war alles illegal, aber die Leute konnten leben. Wenn sie diese Papiere vorzeigten, wurden sie von der Behörde anerkannt. Man kann da nicht sagen, daß ich Gerechtigkeit geschaffen habe, das war alles Unrecht. Aber es war die einzige Möglichkeit, um diesen Menschen zu helfen, eine andere gab es nicht. Wenn Gerechtigkeit bei Gott Barmherzigkeit ist, dann kann sie das auch bei uns sein.

Zwiespältige Katholikentage

Frage: Sie haben auch einiges mit den deutschen Katholikentagen zu tun gehabt. Wie haben Sie diese erlebt?

Die Katholikentage, die gewissermaßen das Gesicht der Kirche in Deutschland darstellen, boten eigentlich immer ein zwiespältiges Bild.
Das habe ich schon auf dem Passauer Katholikentag 1950 erlebt, den man bald den «barocken» Katholikentag nannte. Dort habe ich zwar nicht geredet, aber doch Krach geschlagen. Denn es waren viele junge Kriegsteilnehmer da, die wegen dieses barocken Getues furchtbar wütend waren und mir in den Ohren lagen: «Das müssen Sie unbedingt in der Öffentlichkeit kritisieren. So kann man es nicht mehr machen!» Darum habe ich in der «Orientierung» scharfe Artikel geschrieben. Und der Präsident des Katholikentages schrieb an meinen Obern, man solle mich doch nicht mehr zu einem Katholikentag schicken, ich verderbe alles und habe großen Schaden angerichtet. Aber mein Chef hat zurückgeschrieben: «Wen wir schicken oder nicht schicken, das bestimmen wir.»

In Berlin hatte ich dann auf dem ersten Katholikentag dort (1952) die Eröffnungsansprache zu halten. Es war die Zeit, da man allgemein einen Einmarsch der Russen befürchtete. Ich habe daher versucht, die Leute zu beruhigen und betont, daß in dieser Sache vielerorts Panikmache betrieben würde, daß es aber, was auch geschehen sollte, darauf ankäme, ein Christ zu sein und jeden Nächsten zu lieben. Währenddessen ist etwas Aufregendes passiert. Schon während der Rede merkte ich, daß ein Mann traumwandlerisch durch die hinterste Reihe und dann nach vorne ging. Plötzlich steht der neben mir und sagt: «Ich liebe dich!» Ich denke: Was soll das?, und reagiere: «Schon gut, aber nicht jetzt!» Darauf er: «In Ordnung», und zieht ab. Hinter mir saßen die Bischöfe und waren furchtbar aufgeregt. Auch ich hatte einen Zwischenfall befürchtet, aber es ist nichts passiert. Man glaubte dann, es sei ein Mann von der Technik gewesen, der mir gesagt habe, ich solle nicht auf die Kabel treten oder ähnliches. Diese Rede jedenfalls hatte im ganzen eine sehr gute Wirkung und wurde, wie spätere auch, auf Platte genommen.

Das hatte auch zur Folge, daß ich später noch zweimal in Berlin geredet habe, und zwar in der größten Halle der Stadt. Auch hierbei ging es mir darum, ein Klima der Versöhnung und nicht des Hasses zu schaffen. Dort habe ich auch Herbert Wehner kennengelernt, der wirklich gute Ideen hatte. Mit ihm verband mich von da an ein freundschaftliches Verhältnis.

Der Stuttgarter Katholikentag (1964), auf dem ich zur Schlußkundgebung reden sollte, fand während des Konzils statt. Ich kam daher erst am letzten Tag. Die allgemeine Stimmung war ausgesprochen schlecht. Fast alles war schiefgegangen, teilweise infolge mangelnder Organisation. Dazu regnete es in Strömen. Mir fiel damit die Aufgabe zu – so sah ich es jedenfalls –, die Leute aus ihrer miesen Stimmung herauszureißen.

Als ich im Hotel ankam, hatte ich noch zwei bis drei Stunden Zeit bis zu meiner Rede. Im Hotel traf ich auch den Professor Heinrich Fries aus München. Der hatte bei diesem Wetter schwer mit dem Herzen zu tun und meinte, er könne nicht zur Kundgebung auf den Stuttgarter Wasen gehen. Doch ich redete ihm gut zu und versuchte, ihm Mut zu machen. Es ging ihm auch langsam besser. Schließlich sagte ich: «So, jetzt gehen wir zwei auf den Wasen. Ich werde reden, und Sie werden schreiben. Ich patentiere Sie: Niemand darf über mich schreiben außer Sie.» Das war dann natürlich nicht der Fall, sondern die Journalisten machten, was sie wollten. Sie waren nämlich verwirrt und empört, denn in ihren Pressefächern fanden sie ganz andere Vorausτexte zu meiner Rede. Bei dieser niedergedrückten Stimmung der Teilnehmer konnte ich mich doch nicht an mein Manuskript halten, sondern redete frei heraus, so wie es die Inspiration mir eingab. Das Thema des Katholikentags hieß: «Wandelt euch durch ein neues Denken.» Das paßte natürlich ausgezeichnet zum Konzil. Trotzdem habe ich nicht in billiger Euphorie gemacht, sondern schloß mit einer Theologie des Kreuzes. Aber die Stimmung war umgeschlagen, und das hat man mir als großes Verdienst angerechnet. Manche meinten sogar, das sei meine berühmteste Rede gewesen. Und der Ministerpräsident Filbinger hat mir seinen Privatwagen zur Verfügung gestellt, um mich nach Zürich zurückfahren zu lassen!

Geredet habe ich dann noch auf dem Essener Katholikentag (1968). Das war nach dem Erscheinen der Enzyklika «Humanae vitae», worüber gerade die jungen Leute ganz enttäuscht waren. Meine Rede habe ich zwar gehalten, aber nicht ganz. Denn auf diesem Platz, da redete man, und die Stimme kam wieder zurück, so daß alles doppelt an das eigene Ohr drang. Das hat mich vollkommen verrückt gemacht, ich hielt das nicht aus. Und deshalb habe ich einfach abgebrochen, obwohl ich noch lange nicht fertig war. Kardinal Döpfner war wütend und fragte mich: «Was ist denn los?» Da habe ich ihm geantwortet: «Ich kann auch nicht alles, auch ich habe Nerven. Und das ist nicht auszuhalten!»

Im allgemeinen verstand ich mich gut mit Döpfner. Nur zum Schluß, da gerieten wir in Streit. Ich hatte eine Sendung mit ihm in München, und mir ging es um eine einzige Frage: «Wenn das Konzil stimmt, dann muß man alle Leute zu einer gewissen Selbstverantwortung erziehen. In Wien hat man mir gesagt, man habe in dieser Sache erhebliche Fortschritte erzielt. Ich möchte Sie fragen, wie das in München und Umgebung ist.» Und er redete hin und redete her, beantwortete die Frage aber nicht. Auf einmal rief er (es war natürlich eine Aufzeichnung): «Schluß, Schluß, ich bin klatschnaß von Kopf bis zu den Füßen, um Ihren blöden Fragen auszuweichen! So machen wir nicht weiter; was wir bisher geredet haben, wird gestrichen!» Er schien mir nicht nur gereizt, sondern wirklich krank zu sein. Darum ließ ich ihn in der Folge reden, ohne zu widersprechen oder ihm zuzusetzen, obwohl ich nicht seiner Meinung war. – Auf der Rückfahrt sah er immer noch sehr schlecht aus. Und dann fiel mir etwas auf, und ich wandte mich an ihn – aber ohne jeden Groll –: «Wissen Sie, daß Ihre Nase ganz dünne Wände hat?» – «Was soll das heißen?» – «Wenn meine Mutter jemand gesehen hat, der solche Nasenwände hatte, hat sie gesagt: Der stirbt bald. Ich hoffe und wünsche, das ist bei Ihnen nicht der Fall!» Da war er totenstill. Und eine Woche später ist er gestorben. Es hat also auch hier gestimmt.

Mit dem Trierer Katholikentag (1970) hatte es eine besondere Bewandtnis. Der Generalobere der Jesuiten, Pedro Arrupe, hatte eine Rede für diese Veranstaltung angenommen. Und ich habe mir gesagt: Der Arrupe ist ein «Charismatiker». Weiß der liebe Gott, was der da anstellt! Ich war gerade in Rom. Darum ging ich zur Generalskurie. Dort war als Pförtner ein Bruder, ein Irländer glaube ich, den habe ich immer Albino genannt, denn er hatte rote Augen wie ein Kaninchen. Dem meldete ich, daß ich mit dem Pater General eingehend sprechen müsse – mindestens eine Stunde würde das dauern. «Was fällt Ihnen ein?» reagierte der. «Wer sind Sie überhaupt? Da kann ja jeder kommen und sagen: Ich möchte eine Stunde lang mit Pater General reden! Der hat Wichtigeres zu tun!» – «Danach habe ich Sie nicht gefragt! Tun Sie bitte Ihre Pflicht, läuten Sie beim General an und teilen Sie ihm mit: Ein Pater mit Namen Galli möchte mit Ihnen sprechen!» – «Ja, wenn Sie das verlangen...» – «Jawohl, ich verlange das. Wozu sind Sie denn da?» Dann läutete er an, und daraufhin lächelte er ganz spöttisch und sagte: «Sie sind eingeladen, morgen früh um 6 Uhr hier zu sein.» Und ich: «Warum lächeln Sie denn so?» – «Weil ich weiß, daß Sie Journalist sind, und da sind Sie sowieso um 6 Uhr nicht auf.» – «Ich *werde* morgen früh um 6 Uhr hier sein!» – «Das werden wir ja sehen», sagte er.

Um 6 Uhr war ich da, um 6 Uhr ging ich zum General hinauf und erklärte ihm: «Ich komme wegen des Trierer Katholikentags. Das macht mir Sorge. Die Rede muß nämlich gut sein. Haben Sie die schon vorbereitet?» – «Ja, die habe ich vorbereitet.» – «Kann ich sie lesen?» fragte ich. Dann saß ich in einem Sessel und habe die Rede korrigiert, ganze Passagen herausgestrichen, bei anderen vermerkt: Statt dessen ein konkretes Beispiel usw. Dann überreichte ich ihm das. Er schaute mich entsetzt an und sagte: «Das ist ja fürchterlich!» Und ich: «Ja, ich habe das Manuskript korrigiert, wie man etwas korrigieren muß, wenn man der Zensor ist. Denn es hängt zu viel davon ab. Es geht um das, was die Situation der Leute trifft und was bei einem solchen Katholikentag tragbar ist.» Das hat er eingesehen und geschluckt. Darin war er großartig.

Aber damit war das Problem noch nicht gelöst. Ich fuhr also hartnäckig weiter: «Das war Numero 1. Jetzt kommt Numero 2: Können Sie überhaupt noch genügend Deutsch?» Er war ja Spanier. «Ja, ich denke schon. Ich habe ja in Valkenburg studiert.» – «Ja, das sagt gar nichts. Die Vorlesungen und Lehrbücher waren ja lateinisch. Machen wir es doch so: Sie nehmen dieses Manuskript und stellen sich in die eine Ecke des Zimmers, und ich stelle mich in die entgegengesetzte. Dann reden Sie laut und deutlich, so wie Sie eine Rede halten würden.» Das tat er. Doch daraufhin mußte ich feststellen: «Sie können *nicht* genügend Deutsch. Das klingt ja schlimm. Sie müssen also Ihr Deutsch üben. Bestellen Sie jemanden, der gut Deutsch kann, und üben Sie mit ihm an Ihrem Manuskript mindestens eine halbe Stunde täglich!» – «Das ist viel verlangt», meinte er. «Nun, Sie haben die Rede angenommen, also müssen Sie auch die nötigen Vorbereitungen auf sich nehmen.» – «Gut, das sehe ich ein», war seine Antwort. Es war imponierend, wie er das alles aufgenommen hat!

Den Albino habe ich dann gefragt: «Wie lange war ich bei ihm?» – «Über zwei Stunden. Das ist eine Unverschämtheit!» – «Das geht Sie gar nichts an. Er hat es für nützlich befunden, zwei Stunden mit mir zu reden.» Darauf er: «Ich werde Ihnen niemals mehr widersprechen.» – «Gut», sagte ich, «dann haben Sie auch was gelernt.»

Und die Rede wurde sehr gut und hat großen Eindruck gemacht. Ich war unter den Zuhörern und habe Arrupe immer wieder mit dem Taschentuch zugewinkt. Im übrigen war ich Berichterstatter und hatte sehr viel an diesem Katholikentag auszusetzen. Zum Beispiel fehlten alle wichtigen Leute, wie Karl Rahner usw. Der damalige Bischof von Freiburg, Schäufele, meinte das auch und soll nachher geäußert haben: «Der einzige vernünftige Deutsche auf dem Katholi-

kentag war der Galli.» Er hatte etwas für die Journalisten übrig. Schon auf dem Konzil in Rom hatte er gegen den ersten Entwurf des Schemas über die Kommunikationsmittel demonstriert. Zusammen mit einem anderen hat er in Sankt Peter (!) gegen dieses Schema Flugzettel verteilt. Als der damalige Generalsekretär Felici erfuhr, draußen stünden zwei Geistliche und würden diese Zettel verteilen, wurde er stinkwütend. Die hatten sich nicht bischöflich gekleidet, und Schäufele sah damals wie ein Student aus. Felici raste auf Schäufele zu und schrie ihn an: «Ich werde dafür sorgen, mein Lieber, daß Sie aus dem Priesterseminar entlassen werden!» Das war eine aufregende Sache!
1984 war ich zum letztenmal eingeladen, nämlich zum Katholikentag in München, und zwar von der Jugend. Früher habe ich ja viele Jugendansprachen auf Großveranstaltungen gehalten. Das waren sicher meine besten Reden, davon gab es sogar Schallplatten. Aber dieses Mal war die Veranstaltung selbst schon ein Reinfall. Man hatte mir gesagt: «Das wird ein Forum der zornigen alten Männer.» – «Welche denn?» – «Eben die bekannten Leute», war die Antwort. Zwei Jahre vorher hatte es ja auf der Buchmesse in Frankfurt ein Podiumsgespräch zwischen den «Zornigen Alten» und den «Sanften Jungen» gegeben. Dort waren Walter Jens, Ernst Käsemann, Eugen Kogon und Karl Rahner. Ich war auch eingela-

den, mußte aber krankheitshalber absagen. Und wer kam nach München? Nur Klaus von Bismarck, der frühere Rundfunkintendant in Köln, der nie ein zorniger alter Mann war, und ich! Immer wenn wir beide irgendwo reden mußten, ging das mit einem Streit aus. Hier kam er als protestantische Größe als erster dran. Das hatte für mich den Vorteil, daß ich hinterher auf alles, was er gesagt hatte, kritisch eingehen konnte. Er nimmt solche Kritik übrigens immer sehr vornehm auf.

Die Jugend war ja bei den letzten Katholikentagen und Evangelischen Kirchentagen sehr stark vertreten. Sie hat mich auch in München wieder sehr beeindruckt. Ihr Gottesdienst war eine wirklich ganzheitliche, tief lebendige Sache. Alles, fast bis zum Atmen, ging ineinander über. Es war *ein* Rhythmus – und eine Begeisterung, wie ich sie noch nie erlebt habe!

Daneben gab es dann aber wieder die andere Seite. Dort war die Kirche langweilig geworden. Die Stimmung war müde und resigniert, und an das Konzil erinnerte man sich so gut wie gar nicht mehr! Was da geboten wurde, interessierte niemand. So erlebte ich auch in München eine gespaltene Atmosphäre. Solange man die Gegensätze, die von Natur aus nun einmal da sind, nicht miteinander verbindet, sondern nur eine Seite wirklich gelten lassen will, wird das immer so bleiben.

Die goldene Mitte

Frage: Versuchen Sie, die Gegensätze miteinander zu verbinden?

Ja; das entspricht auch ganz meinem Naturell. Alle Verabsolutierungen sind mir zuwider. Dagegen stören mich Gegensätze nicht. Überall finde ich nämlich das Gesetz des Gegensatzes, auch in der Kirche. Es kommt nur darauf an, daß man zu einem Ausgleich dieser Gegensätze gelangt. Und es scheint ein Gesetz der Geschichte zu sein, daß die Menschheit sich durch Ausbalancieren der Gegensätze weiterentwikkelt. Deshalb muß es auch *unsere* Aufgabe sein, die Gegensätze miteinander zu versöhnen. Das habe ich in meinem Leben immer versucht.
Sobald etwas Neues entsteht, ist es zunächst einseitig und unausgewogen, denn es kämpft gegen einen Gegensatz an. Wird die neue Bewegung extrem, dann ist ihr Untergang schon vorprogrammiert. Nur wenn sie die Mitte findet, wird sie bestehenbleiben und von Segen sein. Nehmen wir zum Beispiel die Caux-Bewegung, die sogenannte Moralische Aufrüstung. Der stand ja auch Konrad Adenauer nahe, und alle lobten

diese Bewegung. Ich habe damals einen Studenten mobil gemacht und gebeten: «Geh und schau dir das einmal an!» Der kam mit hochrotem Kopf zurück und sagte: «Wissen Sie, daß ich homosexuell sein soll?» – «Wieso?» – «Ja, die haben das behauptet. Die bringen einen dazu, alles genau zu bekennen. Ich habe so ziemlich alles gesagt, was ich auf dem Gewissen hatte. Und dann haben die mir vorgehalten: ‹Die Hauptsache hast du nicht genannt. Du bist nämlich homosexuell!› – ‹Wieso denn?› habe ich gefragt. ‹Du trägst Sandalen und hast einen Stiftekopf: Die sind *immer* homosexuell!›» Der war wütend, dieser Student, mit Recht war er wütend. Aber die waren halt so extrem, genau wie der Gründer der Caux-Bewegung, Frank Buchmann. Und heute kennt man diese Caux-Bewegung fast nicht mehr.

Auch die Focolarinis fingen ziemlich einseitig an. Ihre erste Mariapolis, wörtlich Marienstadt, eine Art Schulungslager, habe ich zusammen mit meinem Bruder in den Dolomiten besucht. Er blieb im Auto sitzen, während ich zur Anmeldung ging. Alle, die ich traf, hatten so eigenartige Glanzaugen und strahlten einen unaufhörlich an. Das war mir unheimlich. Darum fragte ich sie, wieso einen hier alle so anstrahlen würden. Sie antworteten, das sei ihre Begeisterung, sie seien so sehr durch Chiara Lubich, die Gründerin der Focolarinis, entflammt. «Heute abend gibt es noch eine Veranstaltung, da müssen Sie unbedingt hingehen. Sie können übrigens bleiben, solange Sie wollen.» Mir wurde es aber immer schwummeliger, und ich habe nur gefragt: «Gibt es denn hier niemanden ohne Strahlaugen? Das kann doch nicht normal sein!» Die schauten mich nur entgeistert an.

Dann ging ich zu meinem Bruder zurück. Der fragt mich aus dem Auto heraus: «Also, wie lange gedenkst du hierzubleiben?» – «Was soll das heißen?» Er: «*Ich* fahre weg! Ich hole dich aber wieder ab, wenn du mir sagst, wann.» – «Und mitmachen?» – «Nicht *eine* Stunde! Ich habe genug von diesen Strahlaugen!» Da sagte ich: «Na ja, du hast ja eigentlich recht»; und wir fuhren wieder ab.

Das war mein erstes Erlebnis mit den Focolarinis. Allerdings hat Chiara Lubich sich später mächtig entwickelt. Sie ist so etwas geworden wie der Thomas Merton. Heute hat sie auch Buddhisten und Hindus in ihrer Bewegung. Sie ist sehr natürlich und redet gar nicht mit Strahlaugen. Ich habe sie selber kennengelernt. Damals sagte sie mir: «Ich werde von Gott geführt, jeden Schritt meines Lebens.» – «Ja, ist das denn nicht gefährlich?» fragte ich. «O vielleicht. Aber solange ich das Bewußtsein habe, daß Gott mich führt, habe ich nicht die geringste Angst.» Da blieb mir nur zu sagen: «Machen Sie weiter so!»

Die Waffe des Wortes

Frage: Sind Sie bei Ihren Reden nie in Versuchung gekommen, einseitig zu werden und die Leute zu manipulieren?

Doch; diese Versuchung kenne ich sehr gut. Ich habe mich immer bemüht, die gegenteiligen Positionen zu einem Ausgleich zu bringen. Ebenso habe ich versucht, ausgewogen zu schreiben. Das ist mir nicht jedesmal gelungen. Nach meinem Buch über das Konzil hat mir Pater Henri de Lubac geschrieben, ein so häßlich angriffiges Buch habe er noch nie gelesen. Ich war mit Lubac sehr viel auf dem Konzil zusammengewesen. Nun, vielleicht hat er mich deshalb kritisiert, weil ich in der Zusammenfassung am Schluß andere erfolgreiche theologische Schriftsteller ein bißchen imitiert habe. Die Zusammenfassung ist nämlich sehr prägnant und infolgedessen eine Übertreibung. Ich wollte damit angeben und zeigen: Ich kann das schon auch, wenn ich will. Das habe ich nachher bereut und mir gesagt: So war es falsch.
Noch größer ist die Gefahr, um des Effektes willen zu übertreiben, wenn man vor einem Publikum steht.

Denn man redet und merkt, die Leute stimmen zu, das beflügelt einen natürlich, und auf einmal hat man das Gefühl: Jetzt kannst du mit denen machen, was du willst. Und dann wird es gefährlich. Dann denkt man nicht mehr an die Sache, die man ihnen nahebringen möchte, oder daran, ein Zeugnis abzulegen, sondern es überfällt einen einfach die Freude zu manipulieren. Man weiß, ich kann jetzt sagen: «Gehen wir los, schlagen wir alle Fensterscheiben ein», und sie würden es tun. Das ist gefährlich, darauf darf man sich nicht einlassen.

Ich bin schon gefragt worden, was ich konkret tue, um den Versuch zur Manipulation zu stoppen und ihm nicht zu erliegen. Nun, wenn ich dieser Versuchung in etwa erlegen bin, habe ich mir nachher gesagt: Hör mal, so geht es nicht! Das mußt du vermeiden. Sobald du merkst, das kommt jetzt in dir, dann mußt du dir selber sagen: Schluß damit! Das war mein Vorsatz. Und in die Versuchung bin ich öfters gekommen, das gebe ich zu. Ich war dann schon im schönsten Zuge und habe, als ich das merkte, einfach abgebrochen und etwas eher Langweiliges als Abschluß gebracht. Man fragte mich dann manchmal: «War Ihnen schlecht?» Man muß in dem Moment schalten, in dem das über einen kommt. Sonst wird man zum Demagogen. Man konnte das ja an den Reden Hitlers sehen. Die habe ich mir angehört und immer genau gemerkt: Jetzt fängt er an, sich zu überschlagen und aufzuhetzen.

Allerdings kann ich nicht einen «Kontrollmechanismus» in mich einsetzen. Ich kann mich nicht hinsetzen und mir sagen: Du mußt also einen entsprechenden Apparat in dir aufbauen. Das ist ganz gegen mein Naturell. Dann würde ich zu einem künstlichen Affen. Ich habe meine Ansprachen zwar immer schriftlich vorbereitet. Wenn ich dann aber auf der Kanzel oder vor dem Rednerpult stand, vergaß ich das und begann völlig frei zu reden. Anders käme ich mir wie ein Sprechapparat vor. Dagegen habe ich mir vorher immer in Erinnerung gerufen, wofür ich da bin und weshalb ich überhaupt rede; daß es nicht darum geht, *mich* zu verkündigen, sondern Christus. Wenn ich dann davon abweiche, merke ich das früher oder später, und dann kommt eben in Gottes Namen ein Abfallen im Redefluß.

Die Haupttätigkeit meines Lebens war das Reden und Predigen. Auf allen Domkanzeln Deutschlands bin ich gestanden, im Straßburger Münster habe ich die Fastenpredigten gehalten; nicht zu reden von den unzähligen Vorträgen im ganzen deutschsprachigen Gebiet auf und ab. Da habe ich zur Genüge erleben können: Das Wort ist eine scharfe Waffe. Wenn man sie aber mißbraucht, ist man nicht mehr ein Verkünder des Wortes Gottes.

Krankheit – die Botschaft von drüben

Frage: Oft hat Krankheit Sie aus der Aktivität gerissen. Wie sehen Sie das?

Ich sehe darin einen tiefen Sinn. Dreimal in meinem Leben habe ich mich in Todesnähe befunden, immer durch Krankheit. Zuletzt hier in Zürich.
An der ETH (Eidgenössische Technische Hochschule) hatte ich einen Vortrag über Franz von Assisi gehalten. Davon war man so begeistert, daß man mir an der Universität einen Kurs über den Glauben anbot, und zwar im religionsgeschichtlichen Vergleich zwischen evangelischer und katholischer Sicht. Bei der zweiten Vorlesung wurde mir todübel. Aber ich habe mich zusammengerissen und die Vorlesung gerade noch durchgebracht. Dann bin ich wie ein Pfeil aus dem Hörsaal hinaus und habe ein WC gesucht. Dort merkte ich: Es stimmt etwas nicht. Ich mußte weder erbrechen noch umgekehrt – aber der ganze Bauch war blockiert. Ich dachte: Nun ja, die Anstrengung war halt zu groß. Ruh dich ein Viertelstündchen aus, und es wird besser gehen. Darum habe ich mich im Gang auf eine Bank gesetzt. Wenn ich ganz still war,

dann ging es, sobald ich mich aber rührte, tat es entsetzlich weh. Inzwischen waren alle weggegangen. Es war oben im dritten Stock, und einen Aufzug gab es nicht. Darum mußte ich mir sagen: Trotz aller Schmerzen mußt du jetzt da hinunterkraxeln. Als ich in der Mitte des Ganges war, konnte ich nicht mehr. So setzte ich mich also wieder hin und dachte: Ich komme nicht einmal bis zum Ende des Ganges. Und es ist niemand mehr da! Da wurde mir ganz anders...

Es war aber meine Rettung, daß plötzlich ein Student die Treppe heraufsprang, immer zwei Stufen auf einmal. Der raste an mir vorbei zu einem Hörsaal. Gleich darauf kam er wieder heraus, denn er hatte nur seinen Füller liegenlassen. Ich sagte zu ihm: «Bitte, retten Sie mich. Ich gehe hier zugrunde; das ist eine blöde Sache, wissen Sie; und dann findet man morgen hier nur noch eine Leiche; das wäre sehr unerquicklich.» – «Unmöglich, das darf nicht sein!» sagte er. «Was soll ich denn tun?» – «Sie sollen mich hinunterbringen. Wenn Sie mich stützen und wir schön langsam machen, dann komme ich schon noch bis unten.» Und so kam ich mit furchtbaren Schmerzen hinunter. Gerade gegenüber lag das Kantonsspital. Aber ich habe immer noch nicht kapiert, sondern ein Taxi genommen...

Doch es wurde nicht besser. Da habe ich meinen

Neffen in Bremgarten angerufen, der ist Arzt, und habe ihm das geschildert. Und der legte los: «Du Rindvieh, du mußt auf der Stelle ins Spital, auch wenn es jetzt schon nach 10 Uhr ist!» So fuhr mich mein Superior zum Kantonsspital, vor dem ich vorher noch gestanden hatte. Die wollten mich nicht aufnehmen, aber wir machten ihnen klar: «Es geht um Leben und Tod!» Dann hat man mich doch aufgenommen und mir ein Bett gegeben. Einer der Pfleger sagte: «Also, wenn man auch nur das Geringste von Medizin versteht, dann weiß man, was Sie haben. Sie haben einen Leistenbruch.» Schließlich kam der Chefarzt. Das war zufällig ein Südtiroler. Und weil ich ja immer lustig aufgelegt bin, sagte ich zu ihm: «Sie sind ein Südtiroler!» Da war er beleidigt und erwiderte: «Woher wollen Sie das denn wissen?» – «Sie sind ein Rundschädel, in Rassentheorie kenne ich mich aus, Sie sind kein Dolichokephale (Langkopf).» – «Hören Sie!» – «Doch, Sie kommen aus Südtirol, ich nehme Gift darauf!» Dann gab er endlich zu: «Ja, ich bin aus Bozen.»

Dann wurde geröntgt. Es war sehr schlimm, denn die Blase war auch noch geplatzt. Auf einmal waren vier Ärzte da, und der Chefarzt sagte: «Meine Herren, was machen wir mit diesem Patienten?» Sie schauten die Röntgenaufnahmen an, und einer meinte: «Der kommt morgen um halb fünf als erster dran.» Da schrie ihn der Chef an: «Sie sind ein miserabler Arzt! Wissen Sie was? Morgen früh um halb fünf ist das eine Leiche! Meine Herren, der wird *jetzt* operiert, und Sie werden assistieren!» Sieben Stunden haben sie operiert! Und davon ist einiges übriggeblieben. Ganz in Ordnung kam ich auch später nicht wieder und habe bis heute darunter zu leiden.

Bereits zum drittenmal hatte ich also zwischen Leben und Tod geschwebt. Das war ein Anruf. Mir wurde klar: Es kommt nicht auf die Leistung an, nicht auf das, was man kann. Sondern das Entscheidende ist, auf Gottes Hilfe und Barmherzigkeit zu vertrauen; trotz allem zu glauben, daß Gott unendliche Barmherzigkeit ist. Die Schwierigkeit dabei ist nur, daß es sich um Unvorstellbares handelt. «Unendlich» kann man sowieso nicht verstehen; was bedeutet denn «unendlich»? Selbst wenn ich den ganzen Kosmos nehme mit all seinen Mysterien und ungeheuren Dimensionen, Milliarden von Sternen usw. Das alles ist gegen «unendlich» nichts. Wenn ich also auf Gottes unendliche Barmherzigkeit baue, dann ist das eine tolle Sache. Das ist nämlich meine Rettung. Und auch andere können das glauben, wenn ich selber davon überzeugt bin. Groß darüber reden hat ja wenig Sinn, weil es mit Menschenverstand nicht zu fassen ist. Das ist es ja gerade: Der Verstand wird da durchbrochen. Eine «vernünftige» Religion ist das Christentum bei

Gott nicht. Sie geht über unseren Verstand hinaus. Da überschreiten wir Grenzen. Mit der Hilfe Gottes kann ich das, mit dem Verstand allein aber nicht. Das ist sehr aufregend am Christentum.

Freundschaft

Frage: Sie hatten in Ihrem Leben viele Freunde. Welche würden Sie besonders erwähnen?

Ivo Zeiger, Peter Browe, du Rivau und andere habe ich schon erwähnt.
Eine tiefe Freundschaft verband mich auch mit Karl Rahner. Ihn kannte ich schon vom Theologiestudium in Valkenburg her. Dort lebte er eher zurückgezogen. Er war «Bienenvater» und saß den ganzen Tag in seinem Bienenhaus, auch im Winter. Er war damals schon ein Phänomen, weil die «schwachen Schüler», die in der Vorlesung nicht verstanden, was die gescheiten Professoren sagten, immer zu ihm hinausgingen und er ihnen in der einfachsten Weise erklärte, was der Sinn dessen sei, was da doziert wurde. Er hatte auf Grund dessen einen ganzen Hofstaat. Ich bin jedoch nie hingegangen, weil ich ja krank war.
Später lernte ich ihn dann näher kennen, von seinen Publikationen her, aber auch persönlich. Wenn er müde war, kam er oft nach Zürich. Dann konnte er zum Beispiel sagen: «Ich bin hundemüde, ich muß mich bei dir erholen. Ich weiß, daß du mich nie belä-

stigen wirst und daß ich mit dir über alles reden kann, ohne daß Unsinn damit gemacht wird.» Auf diese Weise haben wir köstliche Erlebnisse miteinander gehabt. Einmal, da wollte er große Warenhäuser sehen, das hatte er noch nie erlebt. Als er die Rolltreppe zu Gesicht bekam, meinte er: «Du, ob das wohl möglich ist, daß man eine Treppe, die hinauffährt, zu Fuß hinunterläuft?» – «Das ist eine Probe wert», sagte ich, stellte mich unten hin und sorgte dafür, daß keine Leute hinauffuhren, indem ich einfach behauptete: «Ist gesperrt!» Und der Karl Rahner, der kam die Rolltreppe heruntergelaufen! Solche Geschichten haben wir gemacht. Ein andermal, in einem großen Modehaus, kam eine vornehme Dame auf uns zu und sagte: «Ich habe den Eindruck, Sie sind katholisch.» – «Ja», haben wir geantwortet. «Sie sind also katholische Pfarrer?» Da sagte Rahner: «Das eigentlich nicht, Pfarrer sind wir nicht.» – «Ja, was denn dann?» Darauf ich: «Wir sind schon das, was Sie katholische Pfarrer nennen.» – «Wirklich? Darf ich Sie zu einer Tasse Tee einladen?» Und Rahner: «Nein. Ich glaube, das müssen wir ablehnen.» – «Warum müssen Sie das denn ablehnen?» – «Weil wir gar nicht vorhaben, etwas zu kaufen.» Da zuckte sie die Achseln, meinte: «Wie sie wollen!», und verschwand. Ich habe dem Karl klargemacht: «Natürlich hätten wir das annehmen sollen. Weißt du, was die wollte?

Die hat sich gesagt: Die zwei, die fallen auf; die benehmen sich nicht wie normale Kunden. Also hat sie uns aus dem Verkehr ziehen wollen. Und weil sie das anständig machen wollte und gesehen hat, daß du ein Hochintellektueller bist, wollte sie uns zu einem Tee einladen. Und du hast ihr das verpatzt!» – «Oh, ist das wirklich wahr?» – «Ja, das ist wahr.» Da meinte er: «Dann wollen wir die Dame suchen gehen und ihr sagen, wir hätten uns doch anders entschlossen.» Wir haben alle sechs Stockwerke durchsucht, aber die Dame haben wir nicht mehr gefunden.

Das für mich Erschütterndste war aber folgendes. Damals kam Martin Heidegger nach Zürich und hat an der Universität eine Vorlesung gehalten. Karl Rahner war zufällig auch in Zürich. Er äußerte, er wolle hingehen, und ich solle ihn begleiten. Er hat richtig gefiebert, denn er war ja mit Leib und Seele Schüler von Heidegger. Unterwegs sprachen wir kein Wort, und ich habe gemerkt: In seiner Seele wühlt es. Während der Vorlesung saß er da und rührte sich nicht. Als wir herauskamen, fragte ich: «Na und?» Da sagte er: «Das ist die größte Enttäuschung meines Lebens!» – «Warum?» – «Er hat sich nicht geändert, obwohl die Sache, wie ich sicher weiß, vor der Entscheidung stand!» Er meinte damit Fragen, die auf der Kippe standen, wo Heidegger hätte weiterdenken müssen, und zwar in Richtung Christentum. Anstatt dessen

ist er stehengeblieben. Das hat den guten Rahner tief getroffen.
Eine Freundschaft verbindet mich auch mit Oswald von Nell-Breuning. Das begann schon während meiner Schülerzeit. Er war nämlich mein Präfekt in der Stella Matutina, dem Jesuitenkolleg in Feldkirch. Damals hatte er die Absicht, uns auch etwas von seiner hohen Wissenschaft, der Soziallehre, mitzuteilen. Darum rief er uns an einem Sonntag im Klassenraum zusammen und fing an, Statistiken usw. an die Tafel zu malen. Das ging über unsere Köpfe, viele langweilten sich, und einige ließen blöde Sprüche los und ärgerten den Nell immer mehr. Da packte ihn plötzlich die Wut, er schmiß die Kreide an die Fensterscheibe und war weg. Alle standen betroffen da und fragten: «Wo ist er hin?» Da habe ich gesagt: «Ich finde das eine Gemeinheit, wie wir ihn behandelt haben. Wenn uns etwas nicht paßt, dann können wir ihm das ja privat sagen. Aber ihm hier eine Szene zu machen, wo er sich anstrengt, uns etwas beizubringen, was uns vielleicht nützlich sein kann, das finde ich eine Schweinerei. – Wenn ihr wissen wollt, wo er ist, dann kann ich euch das sagen: Den findet ihr bestimmt in der Kapelle. Dort weint er sich vor Gott aus, weil ihr so blöde seid.» Die waren ganz sprachlos und meinten: «Glaubst du?» Sie schauten nach, und es war so. Das hat einen gewaltigen Eindruck auf sie

gemacht, und sie gaben zu: «Ja, das war tatsächlich gemein, was wir da angestellt haben.» – «Ja, seht ihr», sagte ich. «Und deshalb müssen die Betreffenden sich bei ihm entschuldigen. Das ist *das Mindeste!*» Daraufhin haben sie sich entschuldigt. Nell-Breuning hat den ganzen Vorgang später erfahren, und seitdem hatte ich bei ihm einen Stein im Brett. Und daraus entwickelte sich dann eine Freundschaft.

Als ich später im Noviziat war, hat er mir erklärt, wir würden ja eine ganz falsche Askese treiben. Daraufhin ging ich zum Novizenmeister und machte ihm klar, daß Nell-Breuning uns Meditationspunkte vorzulegen wünsche. Das war eine feste Einrichtung; jeden Abend wurden uns Anregungen für die morgendliche Meditation gegeben. Mein Antrag wurde genehmigt, und Nell-Breuning erschien auf der Kanzel und begann: «Ich habe euch nur *eines* zu sagen, und das ist wichtig: *Gott ist mit euch zufrieden!* Damit sind meine Punkte beendet», und er ging hinaus. Das schlug ein wie eine Bombe.

Während der Nazizeit war Nell-Breuning verhaftet worden und hatte einige Wochen «gesessen». Er wurde dann ausgewiesen und kam nach Zürich. Dort versuchte ich, ihn wieder zum Leben zu bringen. Denn dieses Nazi-Gefängnis hatte ihn völlig kaputtgemacht. Er war mit den Nerven total am Ende. Es war ganz schlimm. Aber seine Persönlichkeit war nicht gebrochen. Bis ins hohe Alter bezog er weiterhin mutig Stellung gegen alles, was ihm außerhalb und innerhalb der Kirche nicht in Ordnung zu sein schien, zum Beispiel noch 1985 mit seinem Artikel in den «Stimmen der Zeit»: *Marxismus – zu leicht genommen,* einer nüchternen Klarstellung gegenüber den unqualifizierten Verdächtigungen, denen die Theologie der Befreiung auch von höchsten Stellen unterworfen wird.

Mut zum Außenseitertum

Frage: Haben Sie sich nicht in der Kirche oder im Orden zu gewissen Zeiten als Außenseiter gefühlt?

O ja, sehr. Das hat mich aber nicht aufgeregt. Ich kann nicht bloß den allgemeinen Trott mitmachen. Das habe ich ja schon in der Theologie in Valkenburg erlebt. Dort war alles nach *einem* Schnitt, nach *einem* Muster. Und ich war der Überzeugung, daß das nicht geht. Das Schönste war aber folgendes. Dem gestrengen Pater Hürth – zu dem habe ich großes Vertrauen gehabt – habe ich damals gesagt: «Das geht doch einfach nicht!» Da hat er zu meiner Überraschung reagiert: «Gott sei Dank, Gott sei Dank! Sonst kommen wir ja nie heraus!» – «Das sagen Sie?» – «Ja, ich bin ja da schon lange drin, und ich kann nicht mehr heraus, aber Gott sei Dank, daß es trotzdem Leute gibt, die da heraus wollen!»
Auch noch im Alter bin ich aus der vorgeschriebenen Rolle gefallen. In Freiburg im Breisgau fand zum Beispiel eine Vortragsreihe mit verschiedenen Referenten statt. *Jeder* wurde als Professor betitelt, auch wenn er keiner war. Ich hatte keinen Vortrag zu halten, sollte

aber in St. Peter die Schlußpredigt übernehmen. Am Abend vorher saßen alle beisammen. Da habe ich betont, wie sehr es mir mißfalle, daß jeder als Professor betitelt wurde, auch wenn er gar keiner war, sondern zum Beispiel nur Radiointendant. «Nachweislich ist der... kein Professor und der... und der... Bei allen wird aber ‹Professor› geschrieben, nur um zu strunzen. Lediglich den Bruder aus Taizé, den hat man nicht als Professor betitelt!» Da sagte man mir: «Ja, schon gut, Sie können ja morgen auf der Kanzel darauf zurückkommen.»

Das habe ich aufgegriffen. In der Schlußpredigt schilderte ich die Leute, die den Heiligen Geist wie einen «Kanarienvogel» halten. «Die sagen: ‹Ich tue alles für ihn, alles!› Aber sie halten ihn in einem Käfig eingesperrt. Es ist zwar ein Käfig aus Gold, aber ein *Käfig!* Vielleicht darf er mal raus. Aber dann werden alle Fenster zugemacht, damit er nur ja nicht in die Welt hinaus kommt. Und er bekommt nur etwas zu fressen, wenn er wieder in den Käfig zurückgeht. Seht ihr, so behandeln auch sehr viele von euch den Heiligen Geist, die Herren Professoren nicht ausgenommen!» Dann habe ich öffentlich mein Mißfallen über das Getue auf der Tagung geäußert. Und ich schloß: «Am Ende dieser Tagung *muß* das zur Ergänzung gesagt werden. Sonst fehlt etwas Entscheidendes. Und ich möchte, daß ihr das beherzigt.» Darauf war ich so erregt, daß ich von der Kanzel hinunter, zur Kirche hinaus und den ganzen Berg hinab gerannt bin.

Eine Ausnahme in diesem Professorenkollegium bildete jedoch der bekannte Philosoph Bernhard Welte. Das war ein großartiger Mann. Wir haben Gespräche geführt, die werde ich nie vergessen. Er hatte eine ganz einfache, aber tiefsinnige Art zu reden. Wenn er sprach, dann konnte man eine Stecknadel fallen hören. Sein Hörsaal war immer überfüllt. Ich hätte mir ein paar Schuhe durchgelaufen, um Welte zu sehen!

Außenseiter zu sein, hat auch seine Vorteile. Dadurch bin ich nämlich in Kontakt mit dem großen evangelischen Dogmatiker Karl Barth gekommen, und aus diesem Kontakt hat sich eine enge Beziehung entwikkelt. Das kam so:

Die meisten Schauspieler in Zürich waren damals Juden, jüdische Flüchtlinge. Das war ein sehr seriöses Ensemble. Sie wurden vom Schauspielhaus aber miserabel bezahlt, so daß sie gerade leben konnten. Die befaßten sich sehr intensiv mit weltanschaulichen und auch mit katholischen Fragen. Zwei davon, die beim Pater Gutzwiller konvertiert hatten, saßen gar nicht weit vom Akademikerhaus, wo ich wohnte. Die haben oft mitten in der Nacht bei mir angeläutet: «Wir haben Schwierigkeiten mit der Heiligen Schrift, komm doch bitte herüber.» Wenn ich schon im Bett lag, zog ich mich schnell an und ging hinüber. Ich mußte zum obersten Stock. Dort saßen sie ganz armselig auf dem Dachboden und hatten nur auf zwei Böcken ein Brett, und in der Mitte lag die Bibel, zur Beleuchtung dienten einige Kerzen. Sie zeigten mir die Stelle, bei der sie nicht weiterkamen, und sagten: «Wir sind an dieser Stelle, und das Problem, das wir haben, ist das und das. Was sagst du dazu?» Und ich erklärte dann, wie ich die Stelle auslegen würde. Ich war also ihre Notbremse.

Die haben ihre Fragen auch immer zu Karl Barth getragen, nach Basel. Und dem haben sie erzählt: «Da gibt es einen vifen Jesuiten in Zürich, der kommt auch noch um 2 Uhr in der Nacht, wenn man ihn anläutet. Und der sagt zu unserem Problem das und das.» Da begann Karl Barth sich für mich zu interessieren und meinte: «Der ist doch gar nicht so dumm. Das ist wirklich interessant. Den Mann muß ich kennenlernen.»

So habe ich ihn besucht. Das erste, was er mir sagte, war: «Seien Sie froh, Herr Pater, daß Sie den Zölibat haben. Wissen Sie, eine Frau, das ist der Tod eines Mannes!» Das war scherzhaft gesagt. Aber ernsthaft meinte er folgendes: «Ich, Karl Barth, ich trage jetzt Verantwortung – was ich mir nie hätte träumen lassen – für die Katholische Kirche!» – «Wieso?» – «Nun, der Papst schreibt mir Briefe, und ich antworte ihm. Die Briefe vom Papst sind meistens kurz, aber klar, und meine sind lang, meine letzte Antwort allein hat 48 Seiten.» Ich sagte dazu: «Aber hören Sie, es ist höchst unwahrscheinlich, daß der Papst Ihre Briefe liest, der hat anderes zu tun. Die liest irgendein Sekretär, vielleicht ein besser ausgebildeter.» Darauf Karl Barth: «Da irren Sie gewaltig. Er schreibt nämlich von Hand, und er macht Bemerkungen höchst persönlicher Art, die kein Sekretär schreiben würde. Ich bin also sicher, daß unser Briefwechsel tatsächlich von Person zu Person geht.» Er fand: «Das gibt mir Verantwortung für die Katholische Kirche. Denn mancher Entschluß des Papstes wird vielleicht doch von der Meinung des Karl Barth abhängen. Und das ist bedeutsam.»

Dadurch sind wir uns sehr nahe gekommen. Die letzten Briefe hat er mir zum Teil vorgelesen. Nach seinem Tod wurden von diesem Briefwechsel nur kleine Stücke publiziert, nicht mehr. Das war schade.

Darf denn Freude Mangelware sein?

Frage: Sie haben in der Kirche viel Erfreuliches erlebt. Warum gibt es heute in dieser Kirche so wenig, worüber man sich freuen kann?

Das hat vielerlei Gründe. Sie sind nicht nur bei der Kirchenführung zu suchen, wie es oft dargestellt wird, sondern auch an der Basis. Zum Beispiel in der Sucht zu negativistischer Kritik. Wo Kritik am Platz und notwendig ist, muß sie auch angebracht werden. Was haben die Propheten und Jesus Christus denn anderes getan? Heute aber beobachte ich oft: Man stellt Dinge an die Spitze, die ganz negativ sind; die bestehen *nur* aus Kritik. Diese Kritik ist zum Teil sogar berechtigt, das gebe ich zu. Nur muß ich betonen: Davon kann kein Mensch leben. Der Mensch muß ein Ideal haben, und dieses Ideal muß positiv sein. Wenn Jesus nur als Kritiker gekommen wäre, dann hätte er nichts ausgerichtet. Man kann nicht leben von bloßer Kritik. Man muß etwas haben, *wofür* man lebt – und das ist nicht Kritik. Wo man nur noch aus Kritik lebt, dort vergiftet diese Haltung unser Leben. Da sieht man nur noch das Negative und

Unzulängliche. Und damit verliert die Freude ihren Platz. Das ist aber nicht der Wille Gottes, und Jesus hat uns genau das Gegenteil vorgelebt. Bekanntlich hat er ja nicht eine Drohbotschaft verkündet, sondern die Frohbotschaft.

Es liegt aber natürlich auch an der Kirchenführung, einschließlich uns Theologen. Denn gerade wir Abendländer sind besessen davon, alles zu verstehen. Und darum wollte man auch Gott verstehen, was an sich unmöglich ist. Ganze Bibliotheken gibt es darüber, wie der dreifaltige Gott beschaffen sein soll: *eine* Wesenheit bzw. *eine* Natur in drei Personen; die zweite Person ist gezeugt von der ersten, die dritte ist nicht gezeugt, sondern geht von den anderen beiden aus usw. Christus dann wieder: *eine* Person in zwei Naturen. Kurz: ein kompliziertes System, von dem aber keineswegs sicher ist, daß es auch stimmt. Karl Rahner hat einmal inoffiziell gemeint, eigentlich könne man, so wie man sich Gott als *eine Natur* in drei Personen erkläre, genausogut die Hypothese aufstellen, Gott sei *eine Person* in drei Naturen oder Wesenheiten. Aber weil man alles genau wissen wollte und naiverweise meinte, man habe das, was man da zu erkennen glaubte, auch bewiesen bzw. es sei einem durch den Heiligen Geist eingegeben worden, legte man alles bis ins Kleinste fest, sogar die moralischen Verhaltensweisen. Das führte zu einer ungeheueren geistigen Verengung und zu einer immensen Beschränkung der persönlichen Freiheit. Und das alles auf todernste Weise; denn all das wurde ja kraft «göttlicher Autorität» festgelegt. Kein Wunder also, daß da die Freude – die Weite und Freiheit braucht, um leben zu können – fast erstickt ist!

«Der Geist weht, wo er will», steht schon in der Bibel. Die Katholische Kirche hat ihn nicht allein gepachtet. Das wird ja langsam den meisten immer klarer. Auch während des Konzils, das ja die Fenster öffnete, zeigte sich das. So wurde zum Beispiel Kardinal Bea, der das Sekretariat zur Förderung der christlichen Einheit leitete, auf David du Plessis aufmerksam, den weltbekannten Vertreter der Pfingstbewegung, der auch schon Zugang zum Weltkirchenrat gefunden hatte. Bea lud ihn zu einem Gespräch nach Rom ein und war so begeistert, daß er ihn als Beobachter am Konzil teilnehmen ließ. Du Plessis wurde sogar Paul VI. vorgestellt, der ihn mit den Worten begrüßte: «Sie sind also der Mr. Pentecost?» – «Nun ja, man nennt mich wenigstens so», antwortete der. Paul VI. war ebenfalls sehr von diesem Mann angetan. Es war wie ein Zusammenklang der Herzen. Du Plessis hatte ja der «Charismatischen Bewegung» in Europa zum Durchbruch verholfen, und auch das Konzil verdankte ihm viele Inspirationen. Das wurde natürlich nicht an die große Glocke gehängt, so we-

nig, daß sogar Yves Congar, obwohl er ihn kannte, in seinem großen Buch über den Heiligen Geist ihn nicht einmal erwähnte, was mich sehr gewundert hat. Dabei sollte man sich darüber freuen, daß der Geist Gottes auch außerhalb der Katholischen Kirche weht! – Eins vom Eindrucksvollsten, was du Plessis mir erzählt hat, war seine Einsicht, daß, wenn er Unrecht erlitten habe bis dort hinaus, er das einfach streichen müsse, einfach streichen! Das *könne* man auch mit der Kraft Gottes. Und er gestand: «Das war die größte Befreiung meiner Seele.»
Man kann – und muß – einfach sagen: Die Enge des Herzens erstickt die Freude. Wenn man nur unbedingt verstehen will oder wenn man nur auf das Schreckliche und Negative starrt, dann kommt es zu dieser Herzverengung. Dabei gibt es doch auch in unserer modernen Welt so viel Gutes und damit genügend Gründe zur Freude! Ich erfahre das jeden Tag. Und nicht nur in dem mir vertrauten Bereich, sondern überall. Nur ein paar Beispiele.
Als alter Mann steige ich im Hauptbahnhof München aus, mit schwerem Gepäck, weil ich immer so viele Bücher mitschleppe. Da stehen drei junge Burschen auf dem Perron. Ganz wild sahen die aus. Die schauen mich an, und einer pflanzt sich vor mir auf und sagt: «Sie bleiben hier stehen!» Ich protestiere: «Aber ich bin ein freier Mensch!» – «Natürlich bist

du frei. Aber du kannst ja kaum gehen. Da wirst du nicht weit kommen. Hier, der besorgt dir einen Kuli.» Der so Beauftragte geht einen Kofferkuli suchen. Und er mußte weit gehen, bis er einen fand. Aber das haben die für mich getan, und ich konnte mein Gepäck gemütlich über den Bahnsteig schieben. Ganz bedrohlich sahen die aus und gebärdeten sich auch so und waren doch so hervorragend hilfsbereit!

Oder was mir in Innsbruck passiert ist: Das hat ja einen ziemlich rückständigen Bahnhof, ohne Rolltreppen. Da muß man die Treppen hinunter- und auf der anderen Seite wieder hinaufkraxeln. Anders kommt man nicht heraus. Ich hatte wieder zwei schwere Gepäckstücke bei mir. Unten im Gang sprechen mich plötzlich zwei junge Männer an: «Erlauben Sie!», nehmen meine Koffer und verschwinden in Richtung Ausgang. Ich denke: Jetzt bist du bestohlen worden, und tröste mich: Nun ja, da bin ich das schwere Gepäck wenigstens los. Als ich aber oben ankomme, warten die beiden dort auf mich, fragen, wohin ich wolle, und bringen mich zum Taxiplatz. Ich will wissen: «Was seid ihr denn für Leute?» – «Wir sind Amerikaner und studieren hier. Das hier ist ja ein Urwaldbahnhof. Darum wollen wir in unserer Freizeit zeigen, wie man den Leuten helfen kann, in diesem Urwaldbahnhof zurechtzukommen.» Das fand ich ganz phantastisch. Sie wollten nicht einmal Geld an-

nehmen, waren auch nicht von einer Sekte, sondern taten das aus spontanem Antrieb. – Das alles gibt es also auch heute noch!
Viel Freude erlebt man auch, wenn man auf die Menschen zugeht bzw. auf sie eingeht. In der Bahn saß ich einmal einer italienischen Familie gegenüber. Die hatten unzählige Gepäckstücke, die sie überall verstauten. Das Familienoberhaupt war offenbar ein alter, schmächtiger Mann, der nicht viel sagte. Aber wenn er etwas sagte, dann hörten alle zu. Und das, obwohl zu dieser Familie ein Riese von Mensch gehörte, der mit seiner Lautstärke und seinem Redefluß alles übertönte. Mir schräg gegenüber saß die Mutter mit einem kleinen Kind, das schon Zähnchen hatte, aber immer noch einen Schnuller lutschte. Ich lächelte es an und sagte zu ihm: «Paß nur gut auf, daß du den Schnuller nicht abbeißt!» Und die Mutter war so glücklich, daß mir ihr Bambino gefiel! Ich habe selten eine so glückliche Mutter gesehen. Die Familie stieg dann im selben Bahnhof aus wie ich. Sie reichten – wie Italiener das tun – die Gepäckstücke aus dem Fenster. Ich half ihnen dabei. Bekannte von ihnen hatten für sie Gepäckkulis besorgt, und ich dachte: Die haben es gut! Wer besorgt mir einen Kuli? Als ich herauskam, hielt der Alte den letzten Kuli fest und übergab ihn mir feierlich. Sie hatten alles auf die anderen getürmt, um mir diesen freizuhalten!

Altwerden – eine harte Lektion

Frage: Sie erwähnten eben Ihr Alter. Ist es schwer, älter zu werden und alt zu sein?

Ja, das ist schwer. Mit meinen achtzig Jahren kann ich kaum noch gehen – und was bin ich gerne gereist! – und konnte bis vor kurzem auch kaum noch sehen – das war das Schlimmste für mich, der ich weitgehend vom Lesen lebe. Letzteres konnte durch zwei Augenoperationen Gott sei Dank im wesentlichen behoben werden. Aber man spürt die Vereinsamung, und ich muß bekennen: Es ist schwer, älter zu werden und alt zu sein. Erst wenn man einsieht, daß das eigentlich unserem Dasein entsprechend ist und daß jeder von uns das durchleiden muß, so wie auch Christus an seinem Lebensende seine Ohnmacht durchlitten hat, dann gibt man sich zufrieden und kann sagen: Das muß eben sein. Trotzdem gelingt das nur mühsam, sehr mühsam. Aber auch das sind Erfolgserlebnisse. Da fühlt man sich dann wieder ganz glücklich und sagt: «Heiliger Gott, jetzt ist mir alles wurscht, jetzt kann ich eigentlich machen, was ich will.»
Natürlich stimmt das nicht ganz. Denn man möchte

ja am liebsten weitermachen wie bisher. Ja, es ist etwas sehr Schwieriges. Man lädt mich immer noch ein, aber oft zu Dingen, die ich gar nicht mehr kann. Und dann muß ich abschreiben; dann merke ich: Gott baut dich ab. Er fügt es so, daß du überall auf Grenzen stößt. Und es geht dann darum, das Gott *positiv* anzulasten. Sobald mir das vollauf gelingt, vollauf, dann ist der Fall in Ordnung. Es gelingt mir zwar nicht immer. Aber das ist eben jetzt meine Aufgabe, und zwar die schwerste, die es bisher gab. Da gehen einem allmählich die tiefsten Dinge auf – allmählich, irgendwo, irgendwann, womöglich bei den unmöglichsten Gelegenheiten. Das wird bei jedem wieder anders sein, denke ich, aber alle werden zu diesem Punkt hinkommen.

Man denkt dann natürlich auch oft an den Tod. Ich stelle mir häufig vor, was es für Tode gibt. Viele Leute habe ich sterben sehen. Ich hab' auch sehr Verzweifelte gesehen, die bis zum letzten Atemzug nichts geglaubt haben und mit einem bösen «Nein» gestorben sind, nur «Nein». Was ist da geschehen? Was wirklich geschah, wissen wir doch gar nicht. Vielleicht war das «Nein» im Grunde gerade ein «Ja». Aber das kann man ja nicht auseinandernehmen, hier hört es irgendwie auf.

Ich mache mir jedoch keine fixe Vorstellung, wie ich sterben möchte, sondern sage: «Das überlass' ich ganz dir, lieber Gott. Du wirst schon am besten wissen, wie das gemacht wird.» Bei solchen Dingen finde ich überhaupt: die kann man nicht berechnen. Das würde mir unter Umständen auch in einer Situation helfen, in der ich mir zu sagen hätte: Jetzt müßte ich eigentlich mein Leben einsetzen. Ich hab' dann nämlich schon Mut. Am Gymnasium war ich ein sehr schlechter Turner. Aber der Turnlehrer hat immer gesagt: «Der Wagemutigste bist doch du. Du schmeißt dich da hinein und solltest längst tot sein, wenn ich dich nicht immer auffangen würde.» Darauf habe ich geantwortet: «Eben ja, das ist es, man muß mutig sein, verstehen Sie? Wenn man nichts anderes kann, muß man wenigstens mutig sein.» – «Dann hast du's gut!» meinte er. Das war ein Lehrer, der nichts geglaubt hat. Und diese Einstellung ist mir geblieben. Also, eine wichtige Sache annehmen, bei der ich sagen muß: Ich kann daran sterben, das macht mir schon gar nicht mehr viel aus. Da bin ich fast leichtsinnig.

Eine Versuchung in solchen und ähnlichen Situationen ist immer die Frage: Rentiert es sich überhaupt, sich für das Reich Gottes einzusetzen? Diese Frage wird man mit Ja beantworten, wenn man eingesehen hat, daß es aufs *Rentieren* nicht ankommt. Mit «Rentieren» kommt man nicht durch.

Unsere Welt hat Zukunft

Frage: Die Menschen interessieren sich heute nur noch sehr wenig für Kirche. Was müßte die Kirche tun, um interessant zu bleiben?

Sie müßte *konkret* werden. Mein Leben lang habe ich über Gott und über Jesus Christus geredet. Und das ist nie langweilig geworden. An sich ist das auch nicht langweilig, sondern zu jeder Zeit ungeheuer interessant. Man muß nur konkret werden.
Das ist im Grunde ganz einfach. Als ich noch jung war und in Zürich anfing, habe ich zum Beispiel auf der Kanzel gesagt: «Ich habe einen Spaziergang gemacht dem See entlang. Da kamen drei junge Fräuleins an mir vorbei. Und die eine war so angezogen und die andere so und die dritte so...» Ich habe genau ihre Kleidung geschildert. «Und in der einen war die heiligmachende Gnade, und in den anderen hockte der Teufel. Ihr fragt: Wie kann man das unterscheiden? Das kann man überhaupt nicht unterscheiden, wenn man auf der Promenade spazierengeht. Aber de facto ist es vermutlich so. – Findet ihr das nicht verblüffend? Es ist wahnsinnig aufregend,

am Strand spazierenzugehen. Nicht so sehr aus den Gründen, die ihr glaubt, sondern aus den Gründen, die ich hatte, in meiner Seele.» Da waren die Zuhörer aufgedreht, durch die ganze Kirche ging ein Raunen, wie das mit den Fräuleins am Strande sei. Nachher haben sie dann erzählt: «Er hat geredet über die Fräuleins am Strand, in den einen sei der Teufel und in den andern sei der liebe Gott und in sehr vielen sei ein Kampfgebiet.» Ich weiß nicht, ob ich das heute noch sagen würde. Aber damals habe ich das so erlebt und habe nur erzählt, was ich erlebt hatte. Da habe ich Stöße von Briefen bekommen, in denen zum Beispiel gesagt wurde: «Ja, da ist mir das endlich aufgegangen. Das Leben ist schrecklich aufregend.»
Und heute regt man sich auf über die Zurücksetzung der Frau in der Kirche. Schon während des Konzils haben wir heftig darüber diskutiert, ob Frauen die Priesterweihe empfangen könnten. Dieses Problem ist ja vom Konzil nicht behandelt worden. Wir Journalisten und Jesuiten waren aber der Ansicht, daß diese Frage deshalb um so intensiver außerhalb des Konzils diskutiert werden müsse. Und wir waren der unterschiedlichsten Meinung. Auch die Evangelischen waren geteilter Meinung. Gleichzeitig habe ich aber viele Kontakte gehabt mit jungen südamerikanischen Geistlichen. Die haben damals, also vor mehr als 20 Jahren, das schon praktiziert, was wir erstmals disku-

tierten. Sie sagten zum Beispiel: «Bei dem riesigen Gebiet, das wir zu betreuen haben, können wir ja gar nicht überall hinkommen. Aber wir haben, wo es nicht anders ging, geeignete Frauen beauftragt, die praktisch den Pfarrer machen. Denn wir müssen ja schließlich den Leuten Jesus Christus bringen, und wenn es nicht anders geht, dann machen wir es eben so.» – «Ja, und eure Kardinäle, wissen die denn davon?» – «Natürlich wissen die davon. Aber wir reden nicht darüber. Denn sonst gibt es ja Krach. Ihr hier seid ja noch lange nicht so weit!»

Und dieses Christentum in Mittel- und Südamerika mit seinen Basisgemeinden und seiner Befreiungstheologie ist mittlerweile so stark geworden, daß es nicht mehr übersehen werden kann. Das ist eine blühende und ernstzunehmende Sache. Es erfüllt die Leute mit Leben, und mit ausgesprochen christlichem Leben. Da liegt eine positive, in die Zukunft weisende Entwicklung vor. Hier lernt die Geistlichkeit vom Volk. Hier werden die Armen wirklich ernst genommen und als vollwertige Mitglieder anerkannt. Gewiß gibt es in dieser Theologie der Befreiung Ausdrücke, die fast gleich klingen wie bei Karl Marx. Aber was heißt das denn schon? Es ist ja gar nicht gesagt, daß gewisse Analysen der Gesellschaft, die Marx vorgenommen hat, nicht stimmen. Warum sollen sie das denn nicht aufnehmen, wenn es ihrer Situation entspricht? Das betont ja auch von Nell-Breuning. Der Kardinal Arns von São Paulo hat mir erzählt, daß es erstens keinen einzigen Marxisten unter seinen Geistlichen und Theologen gibt und daß sie zweitens eine theologische Überprüfungskommission haben, die sehr gewissenhaft arbeitet. Da sitzen gescheite Leute drin, die auch eine exakte Darstellung der ganzen Angelegenheit ausarbeiten könnten, wenn sie die Zeit dazu hätten. Wenn man demgegenüber die Verlautbarung der römischen Kurie «Instruktion über einige Aspekte der Theologie der Befreiung» nimmt, dann ist das zwar alles wahnsinnig logisch. Da ist gar keine Lücke drin. Aber es ist rein logisch und berücksichtigt die tatsächlichen Menschen so gut wie gar nicht. Wenn unsere Bischöfe also Angst haben – was ganz konkret der Fall ist –, daß ihnen alles aus den Händen gleite, daß es dann schließlich keine verpflichtende Lebensnorm mehr gebe, daß jeder sich seine Lebensnorm wählen würde, wie er will, dann ist das sehr kurzsichtig und halbherzig. Die Entwicklung in der Kirche geht positiv weiter, und sie muß positiv weitergehen, denn sonst wäre Gott ja gar nicht in ihr vorhanden. Darum habe ich keine Angst um die Zukunft und bin überzeugt, daß es auf lange Sicht gut weitergehen wird.

CURRICULUM VITAE

Mario von Galli ist am 20. Oktober 1904 als Österreicher in Wien geboren, hat die Volksschule in Meran und das Gymnasium in Feldkirch besucht, die Matura in Bregenz gemacht und dann zwei Jahre Philosophie an der Gregoriana in Rom studiert. 1924 trat er in die Gesellschaft Jesu ein und machte in Tisis-Feldkirch sein Noviziat. Er studierte dann die Philosophie in Pullach/München zu Ende, war als Präfekt im Internat des Jesuitenkollegs in Kalksburg/Wien, machte seine Theologiestudien in Valkenburg, Holland, sowie Pullach und erhielt 1933 die Priesterweihe in Innsbruck. 1934/35 war er zur Pfarraushilfe in Basel, 1935/36 Kanzelredner in Baden-Württemberg und wurde aus Hitler-Deutschland ausgewiesen. 1936/37 absolvierte er das Tertiat in St. Andrä, Kärnten, und unterzog sich einer Gallenoperation. Ab 1937 war er in Zürich als Mitarbeiter der «Apologetischen Blätter», der späteren «Orientierung», und als Vortragsredner in der Schweiz tätig. Er erhielt Predigtverbot und mußte 1946 die Schweiz verlassen. Daraufhin nahm er seine Tätigkeit in Stuttgart wieder auf, siedelte aber nach Offenburg über, um hauptsächlich für die deutsch-französische Verständigung zu arbeiten. Dort erlitt er 1948 einen Kollaps, kam 1949 in die Schweiz (Vitznau) zurück und nahm nach seiner Genesung seine publizistische Tätigkeit in Zürich wieder auf. 1954–73 war er Chefredakteur der «Orientierung», zwischenzeitlich (1962–66) Konzilsreporter, und verfaßte seine wichtigsten Bücher. Er entfaltete eine reiche Vortragstätigkeit im ganzen deutschsprachigen Gebiet und redete auf Katholikentagen und Großkundgebungen der Jugend. In Zürich mußte er sich einer weiteren Operation unterziehen. 1980 wurde er Herausgeber von «Christ in der Gegenwart». 1985 konnte sein Augenlicht durch operative Eingriffe gerettet werden. Mario von Galli lebt bis heute in Zürich.

Louis Kretz

Witz, Humor und Ironie bei Jesus

Mit einem Vorwort von *Mario von Galli*

148 Seiten, kartoniert, 2. Auflage 1982

Mario von Galli nennt in seinem Vorwort das vorliegende Buch die «Beobachtungen eines Stutziggewordenen»: Bei der Lektüre des Urtextes der Evangelien-Berichte über Jesus fand dieser «anstelle eines hoheitsvoll-fremden Wesens einen Mann voll Kraft und Witz», der «verblüffend und unerwartet den Nagel auf den Kopf trifft, sich nicht scheut, zu schockieren». Fast hat Mario von Galli mit dieser Vorbemerkung zu dem Buch des Schweizer Gymnasiallehrers und Altphilologen Louis Kretz eine Kurzrezension des Bandes geliefert.

In philologischer Kleinarbeit unternimmt es Kretz, eine in der Theologie weithin verschüttete Dimension des Mannes von Nazareth wieder erkennbar zu machen... Ein Buch, geeignet, uns manches in der Verkündigung Jesu neu hören zu lassen, was jahrhundertelange Tradition und Konvention hinter feierlichen Masken versteckt und unkenntlich gemacht hat.

Evangelische Information, Frankfurt 49/1981

Louis Kretz

Der Reiz des Paradoxen bei Jesus

Mit einem Vorwort von *Kurt Marti*

153 Seiten, kartoniert, 1983

«Je bezweifelter und krisenhafter die Sache mit dem Christentum wird, desto aktueller wird die Sache mit Jesus», urteilt Kurt Marti im Vorwort zu diesem Buch. Nach dem großen Erfolg von «Witz, Humor und Ironie bei Jesus» wendet sich der Autor nun dem Paradoxen in den Worten Jesu zu. Er legt auch hierzu wahrhaft verblüffende Entdeckungen vor. Das Paradoxe gehört noch in den Bereich des Witzes. Eine Aussage Jesu kann zum Beispiel vom Wortlaut her widersinnig und trotzdem sinnvoll sein. Es geht dem Autor darum, daß solche bewußt in den Raum gestellten Widersprüche nicht abgemildert werden, sondern voll gesehen und im Sinne des Sprechenden gedeutet werden. «Der Mut auch zu unkonventionellen Deutungen macht dieses Buch überaus hilfreich für alle» (Marti).

Stadt Gottes, Steinhausen, März 1984